前　言

健康的人生是我们每一个人的追求，可是人们对于如何拥有健康的人生却并非十分了解。每日清晨，公园里、操场上、健身房里，到处是健身者的身影。人们锻炼身体的热情高涨，尤其是中老年人已经成为健身的主力军。中老年朋友经历了人生的拼搏奋斗，到了应该放缓脚步，品味生活的阶段。锻炼自己的身体，拥有健康的人生对于中老年朋友来说是享受人生的基础。没有健康，就没有其他的一切。

科学健身是十分重要的。可是锻炼身体的科学方法和原则却并非人人皆知。一位大学教授，几年前的一次例行体检中检查出心脏有问题，他给自己制订了健身计划，每天风雨无阻地去长跑，可是事与愿违，心脏的问题越来越严重，最后竟出现了心肌梗死。这位教授的问题是没有选择正确的健身的方式和科学的健身强度。

把科学的健身理念介绍给中老年朋友，使中老年朋友拥有美好的生活是我们出版这套丛书的初衷。本套丛书根据中老年人的身心特点、饮食营养特点、常见老年疾病等内容，精心选取适合中老年人适合从事的活动项目，介绍给广大读者，包括社区健身活动、交谊舞、太极拳与太极剑、扭秧歌、健身操、木兰拳、健步走等喜闻乐见的群众性体育活动。

《社区健身活动》一书介绍了健身基础知识，使健身的朋友能够了解如何制定健身计划、如何选择健身项目，还根据社区里常见的健身设备和场地介绍了人们喜闻乐见的运动项目：健身路径、羽毛球、跳绳、踢毽子、踢毽球和游泳等技术。

《交谊舞》一书介绍了交谊舞的基础知识，跳交谊舞对人体健康的益处，同时向读者展示了四步舞、三步舞、平四步舞、伦巴舞、探戈舞、恰恰恰舞、吉特巴舞等舞姿的基本舞步。

《太极拳与太极剑》一书重点介绍了太极拳的养生保健作用、太极拳的基础知识，套路上重点介绍了难度适中的二十四式简易太极拳和三十二式太极剑。

《扭秧歌》一书重点介绍了东北秧歌、安徽花鼓灯秧歌、山东秧歌、健身秧歌的跳法及特点。

《健身操》一书重点介绍了基本功练习方法以及徒手操和器械操。器械操里特别值得推荐给大家的是现在广泛流行的踏板操和哑铃操。

《木兰拳》一书的内容特别适合喜爱武术的中老年朋友，尤其是女性读者！

《健步走》一书也是本套丛书的一个亮点，向中老年朋友介绍了一种最普通但是同时又是最不普通的健身方式——走。

相信广大的中老年朋友一定能够从本套丛书中受益，找到适合您自己和您家人的健身方式和方法，为您的生活增添更多的乐趣和色彩！

丛书编委会

2007 年 12 月

太极拳与太极剑

国家体育总局老年体协组织编写

中老年健身丛书
ZHONG LAO NIAN JIAN SHEN CONG SHU

胡建国 朱 琼 主编
赵 雷 编著

迈出健康生活每一步……

中国社会出版社

中老年健身丛书编委会

目　录

第一章　太极拳基本概念

太极拳运动随着它的练习者的日益增多而蜚声海内外。它沉稳、内敛，刚柔并济、动静相宜的特点，使得它成为老年朋友健身首选的运动方式。本章，我们将为您详细解读太极拳的产生、派别和发展情况。

一、太极拳的产生

“太极”一词出自《周易》“易有太极，是生两仪”。宋朝的周敦颐在《太极图说》中阐述道：“无极而太极，太极动而生阳，动极而静，静而生阴，静极复动，一动一静，互为其根。”无极，指物质无形无象的原始状态。太，就是大的意思，极，是开始或者顶点的意思。两仪指一阴一阳，太极动静产生阴阳，动而生阳，静而生阴。动与静的变化周而复始，阴与阳交替绵绵不绝。因此我们的古人认为，阴阳学说是天地间最基本的原理。

关于太极拳的起源众说纷纭，大致有唐朝（618 年 ~ 907 年）许宣平、宋朝（960 年 ~ 1278 年）张三峰、明朝（1368 年 ~ 1644 年）张三丰、清朝（1644 年 ~ 1911 年）陈王廷和王宗岳等几种不同起源的说法。但现在多数拳家亦以现传各式太极拳均源出陈式太极拳之说为本。据中国武术史学家唐豪等考证：太极拳最早传习于河南省温县陈家沟陈姓家族中。陈氏太极拳的创编人是陈王廷，他是一位卓有创见的武术家。

二、太极拳的派别

目前，太极拳有陈式、杨式、孙式、吴式、武式五种流派。

明末清初，河南温县陈家沟的老拳师陈王廷初创太极拳，世代相传。河北永年人杨露禅从学于陈家沟陈长兴，并与其子杨健侯、其孙杨澄甫等人在陈式太极拳的基础上，创编发展了“杨式太极拳”。清末河北永年人武禹襄在杨露禅从陈家沟返乡后，深爱其术，从学于杨陈式老架太极拳，后又从陈清平学赵堡架，经过修改，创造了“武式太极拳”。河北完县人孙禄堂，从师李魁垣学形意拳，继而学于李魁垣的师傅郭云深，又从师于程廷华学八卦掌。后又从师郝为真学太极拳，之后参合八卦、形意、太极三家拳术的精义，融合一体而创“孙式太极拳”。

随着历史的发展，武术逐渐从战场搏杀转为体育健身，太极拳的发展也大致如此。100 多年前，太极拳家在《十三势行功歌》中就有“详推用意终何在，益寿延年不老春”的提法。太极拳经过长期流传，演变出许多流派，下面，我们就来向您介绍一下其中流传较广和特点较显著的以下五派。

（一）陈式太极拳

又分老架和新架两种，老架是清初陈王廷所创，原有 5 个套路，又名十三势，另有长拳一百单八势 1 套，炮捶 1 套。从陈王廷起，经过 300 多年的传习，积累了不少经验，拳师对原有拳套路不断加工提炼，终于形成了近代所流传的陈式太极拳第 1 路和第 2 路拳套。这两套拳动作都是经过精心编排的，其速度和强度不同，身法、运动量和难度也不尽相同，但都符合循序渐进和刚柔相济的原则。陈式第 1 路拳套现有 83 式，主要特点如下：①缠丝劲明显，要求处处留心源动腰脊，用意贯劲于四梢（即两手和两足尖），动作呈弧形螺旋，缠绕圆转并要做到“一动内外俱动”；②刚柔相济，柔中寓刚，亦即能打出一种似刚非刚，似柔非柔，沉重而又灵活的内劲；③动作要和呼吸运气相结合，不仅做到“气沉丹田”，而且在练动作的同时进行“丹田内转”，有时也可在呼气时发声（如呵、哂、嘘、吹），以加大劲力；④快慢相间，亦即在动作转换处要快，一般行拳时要慢；⑤拳路架子可分高中低 3 种，体弱有病者可以练高架子，青壮年体健者则可练低架子。陈式第 2 路拳套原名炮捶，现有 71 式，主要特点如下：①震脚发劲的动作更多；②动作比第 1 路快、刚，爆发力强；③“蹿蹦跳跃，闪展腾挪”的动作较多，气势雄壮。第 2 路只适于青壮年练，流传不广。陈式新架套路也有两种，一种是陈有本（陈家沟拳师）编创的，顺序与老架同，架式较老架小，转圈也较老架小，去掉了原有的某些较难的动作，陈家沟村人称之为“小圈拳”，把老架称为“大圈拳”。这种拳后来又传至陈鑫，他著有《陈氏太极拳图说》，阐释了陈氏历代积累的练拳经验。新架另一种套路是由陈有本的弟子陈青萍创编的，特点是小巧紧凑，动作缓慢，练会后逐渐加圈，以致极为复杂。因为是在河南温县赵堡镇首先传开的，故人们称之为“赵堡架”。陈式太极拳是古老的拳种，其他流派的太极拳（如杨式、吴式、武式、孙式）都是在陈式太极拳的基础上发展起来的。

（二）杨式太极拳

河北永年人杨露禅（1800年～1873年），幼时在河南温县陈家沟陈姓家做雇工，学习太极拳，壮年返故里传习太极拳，因他能避开并制伏强硬之力，当时人称他的拳为“沾绵拳”、“软拳”、“化拳”。杨露禅去北京教拳，清朝的王公贵族多向他学习。他武技高超，当时人称“杨无敌”。后来，杨露禅为了适应一般练拳人的需要，逐渐删改原有发劲、纵跳、震足和难度较高的动作，并由其子修订为中架子，又经其孙杨澄甫一再修订，遂定型为杨式大架子，由于练法平正简易，故成为现代最为流行的杨式太极拳。杨氏祖孙三代，在北京负有盛名。1928年后，杨澄甫到南京、上海、杭州、广州、汉口等地授徒，其拳式遂流传于全国各大城市。杨式大架子的特点是舒展简洁，动作和顺，刚柔内含，轻沉自然，锻炼步骤由松入柔，积柔成刚，刚柔相济，能自然地表现出气派大、形象美的独特风格。其架式也有高、中、低之分。可以按照学拳者不同年龄、性别、体力条件和不同的要求适当调整运动量。因此，它既适用于疗病保健，又适用于体力较好者增强体质，提高技术。1957

年根据杨式太极拳整理成《太极拳运动》（88 式），1963 年又出版了《杨式太极拳》一书。杨式小架太极拳和二路炮锤仅在少数传人中练习，主要用于技击。

（三）吴式太极拳

满族人全佑，清末河北大兴人，初从杨露禅学太极拳大架子，后来拜杨露禅次子为师学小架子，以善于柔化著名。其子始从汉族改姓吴，名鉴泉。吴鉴泉继承和传授的拳式连绵不断，不纵不跳，适应性较广泛。由于吴氏对拳式有所修改，后人就称之为吴式小架子。这也是现代流传较广的吴式太极拳的雏形。

吴鉴泉在北京、上海传拳较久，他打拳式正招圆，舒松自然，虽架式小巧，但有大架功底，由舒展而紧凑，在紧凑中自具舒展，推手时端止严密，细腻熨帖。

（四）武式太极拳

清末河北永年人武禹襄，从杨露禅学太极拳，得其大概，后又学新架太极拳，并在舞阳县得《太极拳谱》，于是以练拳心得归纳锻炼要领为《身法十要》。武式太极拳特点为身法谨严，姿势紧凑，动作舒缓，步法严格，虚实分明，胸部、腹部的进退旋转始终保持中正，用动作的虚实转换和“内气潜转”来支配外形，左右手各管半个身体，出手不过足尖。武式太极拳于民国初年传入北京，后又传入南京、上海。1963 年曾出版《武式太极拳》一书。武式太极拳葛顺成传人的说法如下——武禹襄家族在永年是望族，其家是翰墨家庭，但武禹襄本人嗜武如命，终身不仕。陈家沟陈氏族人在永年县做生意，租用的是武禹襄家的房产。武禹襄见陈氏族人练习一种高明的拳术，非常喜爱，但因自己身份、地位问题无法去拜师学艺，于是委托同乡好友杨露禅（已有相当高的武功基础）赴陈家沟，拜陈长兴为师学艺，回来后教给自己，自己则出资金供养杨露禅全家。杨露禅先后三赴陈家沟学艺，每次回来都对武禹襄倾囊以授。最终武禹襄还不满足于杨露禅所学，亲赴陈家沟请教。陈长兴当时已年迈，介绍他去陈青萍处学拳，后果有大成。武禹襄的主要传人早期有杨班侯（杨露禅之子，跟武禹襄本是学文，后武艺大成，远超其文化水平），还有自己的两个外甥，人称李大先生、李二先生。李大先生、李二先生传郝为真、葛顺成等人。郝为真武艺最高，他的拳架经其后人修改后被国家定为武式太极拳标准拳架。葛顺成等人传下的拳架仍保留了原始风格。

（五）孙式太极拳

清末河北完县人孙禄堂，酷爱武术，先学形意拳，后学八卦掌，勤学苦练，功夫深厚，“民国”初年始学太极拳，参合各家之长，融会贯通，遂创孙式太极拳，并著有《太极拳学》。孙式太极拳的特点是进退相随，舒展圆活，动作灵敏，转变方向时多以开合相接，故又称“开合活步太极拳”。1957 年曾出版《孙式太极拳》一书。

上述五派太极拳的风格、姿势虽不相同，但套路结构和动作顺序基本一致，练拳目的皆为健身治病。五派太极拳除拳套外，又各有推手和器械套路练法，如太极剑、太极刀等。

三、太极拳的特点

太极拳有八句口诀：

心静体动，动作柔和。

轻灵沉稳，意动势随。

虚实分明，刚柔相济。

连绵不断，势正劲整。

从口诀中可以总结太极拳的四大特点：

轻松柔和。太极拳平稳舒展，动作缓慢柔和，因此太极拳适合不同年龄段的人进行练习，特别是老年人和慢性病患者。

匀速连贯。太极拳从起势到收势，速度均匀，上下动作紧密连接，如行云流水，延绵不绝。

圆活自然。太极拳主要做圆弧运动，按照人体关节自然弯曲状态，以弧形进行肢体运动，使身体各部分得到均匀的锻炼。

协调完整。太极拳用意念引导肢体运动，因此在运动肢体的同时，神经系统也可以得到锻炼，这样也就可以全面调节人体。

四、太极拳练习时的注意事项

太极拳对练习的人要求不高，在练习的时候，应该注意以下几个环节。

（一）身体姿势

在进行太极拳运动的时候，身体在保持放松的情况下，适度紧张，关节保持微曲，以保证运动的时候，动作圆活自如。

（二）动作要求

在进行太极拳练习的时候，要求在运动时，动作要轻、柔、圆、缓、匀、松、静。

1. 动作轻柔。太极拳在练习的时候，讲究动作轻灵柔和，不突发突停，不做刚猛雄劲的动作。

2. 动作绵绵，弧形运动。太极拳在练习的时候，手臂的屈、伸、收、放，脚步的进退，身躯的旋转，都连续成为圆圈，没有停顿。

3. 动作均匀、缓慢。太极拳的动作几乎是匀速单一的，避免忽快忽慢。

4. 动作追求松、静。太极拳在运动练习的时候，身体要做到放松、沉静，避免急躁。

（三）精神要求

太极拳在练习的时候，讲究意念引导，身体随着意念的引导进行运动，因此在练习太极拳的时候，精神要求既放松，又集中。放松主要是排除杂念，集中是把注意力放在运动本身，要用自己的意念引导身体进行太极拳的练习。

（四）呼吸配合

在进行太极拳运动的时候，要注意调节自身呼吸配合运动。呼吸与动作配合的原则如下：

1. 开吸合呼。太极拳运动过程中，双臂打开的时候，吸气；双臂合拢的时候，呼气；上臂上举的时候，吸气；双臂下落的时候，呼气。

2. 收吸放呼。进行太极拳练习的时候，当手臂或腿收提时，吸气；当手臂或腿发放时，呼气。

太极拳运动特别强调呼吸与运动的配合，意念引导身体，身体运动带动呼吸，呼吸调节身体内气的运行，人体血脉就在这样的循环往复中，得到锻炼和加强，从而调节人体正常的生理机能，提高人体免疫力。

第二章
太极拳的养生保健作用

太极拳在长期的社会实践中，早已经证实了它的养生保健和医疗的作用。只要我们注意一下身边的人群，凡是经常从事太极拳运动的老年朋友，大部分精神矍铄，身体健康，并且不容易感冒，也不容易患心血管疾病。因此，太极拳是一项非常适合老年朋友选择和习练的健身运动。

一、太极拳与养生

众所周知，习练太极拳能够强健身体，祛病养生，延年益寿。对于这一点，我们古人早已经有了深刻的认识。

（一）古人关于太极拳养生的观点

宋代周敦颐《太极图说》记载："无极而太极，太极动而生阳，动极而静，静而生阴，静极复动，一动一静，互为其根，分阴分阳，两仪立焉。五行，阴阳也，阴阳，太极也。太极本无极也。五行之生也，各一其性。无极之真，二五之精，妙合而凝。乾道成男，坤道成女。两气交感，化生万物，万物生生而变化无穷也焉。"

我们的祖先用阴阳五行学说来解释世界和探求自然规律，形成中国独特的世界观和方法论。明代医学大师张介宾说："五行，即阴阳之质；阴阳，即五行之气。气非质不立，质非气不行。行也者，所以行阴阳之气也。”因此古人把具体事物用五行归类，人体脏腑也使用五行归类。五行，就是金、木、水、火、土。肝性喜舒展而主升，归于木；心运行血液，温煦全身，归于火；脾主运化，为机体提供营养物质，归于土；肺主宣肃而喜清洁，故归于金；肾主水而司封藏，归于水。

太极拳动作圆活柔松，快慢适度，分清虚实。练习太极拳的时候，按照套路，身体充分舒展运动，通过意守，排除杂念，调整了心理活动。中医认为：“心为君主之官，五脏六腑之大主。”通过太极拳的调心，养神，练形，可以调整脏腑的功能，调节气血的运行。神驭气，气行则血行，气血顺畅，阴平阳秘，五行相生，脏腑安合。因此，经常练习太极拳，可以调节气血，柔筋健骨，疏通经络，调动内气运行。通过肢体的运动，使五脏安和，内外协调，此为相生之道。

（二）太极拳养生健身的现代医学理论

现代医学认为，练习太极拳可以改善人体各个系统的功能。

太极拳柔和缓慢，讲究放松内心的同时收到健身之效。这种练习方式在当今快节奏的紧张的社会工作和生活中能让您真正松弛一下身心。在繁忙中能让人真正喘口气儿，正如老北京话称之为“得到一缓儿”。

练太极拳时两腿总是处于虚实的屈蹲状态，这种身体状态可稳步增强腰、腿肌肉的力量。中医讲究“肾为身之本，腿为肾之柱”。腰、腿有劲儿，下肢血液循环顺畅，不仅能减缓心脏的负担，还能促进内脏器官血流通畅，延缓身体各系统机能的衰退和老化，从而使身体各系统的机能正常，有旺盛的新陈代谢能力和较强的免疫能力。身体对疾病的抵抗力和免疫能力有赖于以腰、腿为主的体育锻炼，这是早被实践证明了的事情。

练太极拳时所进行的柔和、圆活、连贯的身体动作，有助于全身微循环系统的健康，延缓内脏机能衰退。此点有中国科学院修瑞娟院士等众多的研究为证。

练太极拳时两腿处于虚实变换中，在增强下肢力量的同时，可强化人的“身体重心意识”，延缓运动机能的衰退。这对老年人尤为重要。这一点，有美国对太极拳步法能防止老年人摔跤的研究为证。

练太极拳时，可以使平时意识不到的身体部位得到运动，调动平时不主动参与运动的肌肉和内脏器官的潜能，提高用意识支配自己身体的能力。防止因现代化发展带来的人体功能退化。

（三）太极拳的健身特点

太极拳运动，对中枢神经、呼吸和心血管系统、消化系统、骨骼肌肉等运动器官都有着良好的保健作用。太极拳是一种柔和、缓慢、轻灵的拳种。练习时要求全身自然放松、注意力集中、用意不用力，从第一个起势动作到最后一个收势动作，要完整一气，势势相连，绵绵不断。演练过程中，上下肢、躯干要以腰为轴，节节贯串，不能散乱，不能摇摆晃动。这就加强了大脑对身体平衡的调节能力和骨骼、肌肉、关节的活动量。太极拳与其他体育项目有个明显的区别，就是前者强调运动的过程，后者则注重最后结果。如足球，以进球为目的，对进球时身体姿势没有任何要求，而太极拳则不同，它讲究的是动作姿势、动作过程、动作运动路线以及呼吸的运用。它要求练习者在极度安静的状态下用腹式呼吸来配合完成整趟套路，同时，呼吸要深、长、细、匀，与动作要协调，在一个动作里面，往往伴随着一呼一吸。这种与动作自然配合的呼吸方法，在增强了肠胃蠕动的同时，也提高了呼吸和心血管系统的功能。

二、太极拳的医疗作用

太极拳是我国民族形式体育项目之一，很早以前就在我国民间有所流传。几个世纪以来，经过实践，证明太极拳是一种重要的健身与预防疾病的手段。近年来，许多人认为并且也有人记载过，打太极拳除增强体质外，还是辅助治疗高血压、溃疡病、心脏病、肺结核等的好方法。因为过去一直被我们忽略的重要治疗方法——以体育运动来防治疾病，已经被应用到临床工作中，并且已被公认为治疗过程中必要的环节，所以，太极拳能配合医药来治疗某些疾病应是无疑义的了。事实证明，我国是最早应用体育来健身和防治疾病的国家。在我国最老的医学经典著作《黄帝内经·素问》中就曾这样提过："其病多痿厥寒热，其治宜导引。"（按："导引"是一种体操活动。）不仅如此，我国的古代科学家们还进一步用科学的理论，解释了"体育"能够健身治病的道理。一千八百多年以前，华佗曾编选了"五禽戏"作为健身运动，他的理论是："人身常动摇则谷气消，血脉通，病不生，人犹户枢不朽是也。"这都说明"体育"在防病和治疗中有着积极的意义。练习太极拳除全身各个肌肉群、关节需要活动外，还要配合均匀的深呼吸与横膈运动，并且特别要求人们在打拳时，尽量做到"心静"，全神贯注。这样，就对中枢神经系统起了良好的影响，从而给其他系统与器官机能的活动与改善打下了良好的基础。为了证明太极拳的保健作用，北京运动医学研究所曾对 50 岁～89 岁的老年人进行了较详细的医学检查。其中 32 名是经常打太极拳的，56 名是不经常打或是不打太极拳的老年人。对比观察的结果证明，长年打太极拳的老人，不论在体格方面，还是在心血管系统机能、呼吸机能、骨骼系统及代谢功能等方面，都比一般不经常打或不打太极拳的老人的状况好。为了解释方便起见，现按太极拳对人体各主要系统的生理影响，分述于下。

（一）打太极拳对神经系统的影响

近年来生理学的发展，特别是许多生理学家对中枢神经的研究，使我们进一步认识了中枢神经系统对人体的重要作用。我们知道，神经系统，尤其是它的高级部分，是调节与支配所有系统与器官活动的枢纽。人类依靠神经系统的活动（通过条件反射与非条件反射），适应于外界环境并改造外界环境。人依靠神经系统的活动，使体内各个系统与器官的机能活动按照需要统一起来。因此，任何一种锻炼方法，如果能增强中枢神经系统的机能，对全身来说就有很好的保健意义。太极拳的优越之处就在于此。练习太极拳，要求“心静”，注意力集中，并且讲究“用意”，这些都对大脑活动有良好的训练作用。此外，从动作上来讲也是如此。练习太极拳时，动作需要“完整一气”，由眼神到上肢、躯干、下肢，上下照顾毫不散乱，前后连贯，绵绵不断，同时由于动作的某些部分比较复杂，需要有良好的支配和平衡能力，因此需要大脑在紧张的活动中完成，这也间接地对中枢神经系统起着训练的作用，从而提高了中枢神经系统的紧张度，活跃了其他系统与器官的机能活动，加强了大脑方面的调节作用。太极拳是一种很有趣味的运动，经常练习的人都有这样一种感觉：练架子的时候，周身感觉舒适，精神焕发；练“推手”的时候，周身感觉活跃，反应灵敏。这些都是练拳的人情绪提高与兴趣浓厚的表现。情绪的提高在生理上是有重要意义的。“情绪”提高，可以使各种生理机制活跃起来。许多试验都证明，做一种运动时，在用体力之前，仅仅是精神的影响就可以使血液化学、血液的动力过程、气体代谢等发生改变。对患有某些慢性病的人来讲，“情绪”的提高更为重要。它不仅可以活跃各种生理机制，同时能够使病人脱离病态心理。这对治疗功效来讲很重要。以上例子都充分说明，练习太极拳对中枢神经系统有着良好作用。

（二）打太极拳对心脏血管系统及呼吸系统的影响

太极拳对心脏血管系统的影响，是在中枢神经活动支配下发生的。就太极拳动作的组成来说，它包括了各组肌肉、关节的活动，也包括了有节律的呼吸运动，特别是横膈运动。因此它能加强血液及淋巴的循环，减少体内的淤血现象，是一种用来消除体内淤血的良好方法。我们知道，全身各部骨骼肌的周期性的收缩与舒张，可以加强静脉的血液循环，肌肉的活动保证了静脉血液回流，及向右心室充盈的、必要的静脉压力。呼吸运动同样也能加速静脉的回流。例如，吸气时胸廓的容积增大，内部的负压增高，结果上下腔静脉的压力减低，静脉回流加速。这一点在练习太极拳的过程中表现得非常明显。太极拳的动作舒展，练习时胸部不要紧张，而且要有意识地使呼吸与动作适当配合，这样就可以使呼吸自然，呼吸的效果就会改善，这也就更好地加速了血液与淋巴的循环。我们经常见到，当一个人胸部、肩部、肘部肌肉紧张用力时，由于胸廓固定，吸气受到限制，结果血液循环发生障碍，练习者产生面红耳赤、颈部血管努张的现象。练太极拳时就没有这种现象。打太极拳，很多动作、姿势要求气向下沉，即所谓“气沉丹田”，这是一种横膈式呼吸，它在医疗与保健上都有作用。膈肌与腹肌的收缩与舒张，使腹压不断改变。腹压增高时，腹腔的静脉受到压力的作用，把血液输入右心房；相反当腹压减低时，血液则向腹腔输入。这样，呼吸运动就可以改善血液循环的状况，加强心肌的营养。此外，横膈的运动又可以给肝脏以有规律的按摩作用，是消除肝脏淤血、改善肝脏功能的良好方法。所以经常练习太极拳，为预防心脏各种疾病及动脉硬化创造了良好条件。北京运动医学研究所的调查证实，经常打太极拳对心血管系统影响良好。他们对两组老人进行了机能试验（在一分钟内，上、下 40 厘米高的台阶试验 15 次），结果证明，太极拳组老人心血管功能较好，32 名老人中除一名不能完成这种定量负荷外，其余都能完成，而且血压、脉搏的反应也都正常。相反，对照组的老人，年龄越大，完成定量负荷的人越少，出现机能试验不良反应类型（如梯形上升型及无力型反应）的人越多。心电图的检查也同样证明了这一点。心电反应异常的，太极拳组仅占 28.2%，而对照组则占 41.3%。从这些观察结果不难看出，经常打太极拳可以使心脏冠状动脉供血充足，心脏收缩有力，血液动力过程良好。不仅如此，由于经常打太极拳，提高了中枢神经系统的调节机能，改善了体内各器官之间的协调活动，使迷走神经紧张度增高，各器官组织的供血、供氧充分，物质代谢也得到改善，因而，常打太极拳的人发生高血压病及动脉硬化的较少。太极拳组平均血压为 134.1/

80.8 毫米汞柱，对照组老人为 154.5/82.7 毫米汞柱。动脉硬化率，太极拳组是 39.5% ，对照组为 46.4%。身体检查证明，经常打太极拳对保持肺组织的弹性、胸廓活动度（预防肋软骨骨化）、肺的通气功能及氧与二氧化碳的代谢功能都有很好的影响。太极拳组老人的胸部呼吸差及肺活量都比对照组的大。这是因为经常打拳，胸部呼吸肌及膈肌有力，肺组织的弹性好，肋软骨骨化率低。对于已有肋软骨骨化和胸廓活动已有障碍的老人来说，太极拳深长细匀的呼吸和腹肌膈肌活动，既能增加通气功能，又能通过腹压有节律地改变，使血流加速，增进肺泡的换气功能，这都有助于保持老人的活动能力。在完成定量活动测验后，太极拳组老人气喘轻，恢复快，原因就在这里。

（三）打太极拳对骨骼、肌肉及关节活动的影响

打太极拳对骨骼、肌肉及关节活动的影响很突出。以脊柱为例，练拳时要求“含胸松腰拔背”、“腰脊为第一主宰”等，说明打太极拳与腰部活动有着密切关系。经常练习太极拳，无论对脊柱的形态还是组织结构都有良好作用。北京运动医学研究所对

50岁~89岁的老年的医学检查中，据观察，太极拳组老人发生脊柱畸形的只有25.8%，而对照组则为47.2%。驼背是典型的老年畸形，是衰老的结果。但是，经常打太极拳，驼背的发生率会远比一般人低。经常打太极拳，脊柱的活动幅度较好，太极拳组老人弯腰时手能触地的占77.4%，对照组老人仅占16.6%。X线影像检查发现，太极拳组比对照组老年骨质疏松的发生率也低（36.6%：63.8%）。老年性骨质疏松是一种衰老的退行性变化，其原因主要是骨组织中成骨细胞不活跃，不能产生骨的蛋白基质，致使骨生成少、吸收多，骨质变松。骨质松就容易产生畸形，关节活动也不灵活。而打太极拳要求动作连贯、圆活，周身节节贯穿，因此打太极拳有一定的防老作用。

（四）打太极拳对体内物质代谢的影响

有关这方面的研究资料目前还不多，但从上述两组老人的骨骼变化及动脉硬化发生率的差异来看，打太极拳对脂类、蛋白类以及无机盐中钙、磷的代谢影响是良好的。近年来，国外有不少人从物质代谢的角度研究运动的防老作用。例如，有人报道，老年人锻炼5分钟~30分钟后，血内的胆固醇含量会下降，其中以胆固醇增高的老人，下降尤为明显。也有人对动脉硬化的老人进行锻炼前后的代谢研究，发现经过5~6个月锻炼后，血中白蛋白含量增加，球蛋白及胆固醇的含量却明显减少，而且动脉硬化的症状也大大减轻。这些研究结果，可以说明，打太极拳对体内物质代谢的良好影响。

（五）打太极拳对消化系统也有很大的好处

由于神经系统活动能力的提高可以改善其他系统的机能活动，因此它可以预防并治疗某些因神经系统机能紊乱而产生的消化系统的疾病（运动、分泌、吸收的紊乱）。此外，呼吸运动对胃肠道起着机械刺激的作用，也能改善消化道的血液循环，因此可以促进消化作用，预防便秘，这对老年人也是很重要的。综上所述，太极拳是一种合乎生理规律、轻松柔和的健身运动，它对中枢神经系统有着良好的影响，能加强心、血管与呼吸的功能，减少体内淤血，改善消化作用与新陈代谢过程。所以，从医学观点来看，它是一种很好的保健体操与医疗体操。

第三章　太极拳基础

学习任何一项运动，总要从最基本的动作开始，循序渐进，逐步掌握该项运动的套路和精髓，然后不断锻炼，逐步提高。太极拳与大多数运动相比，虽然相对容易，但是要想把太极拳学好，还需要在基本功方面多花一些工夫才行。

一、太极拳的基本手形和手法

（一）太极拳基本手形

太极拳运动的手形主要有三种，拳、掌、勾。(图3－1－1)

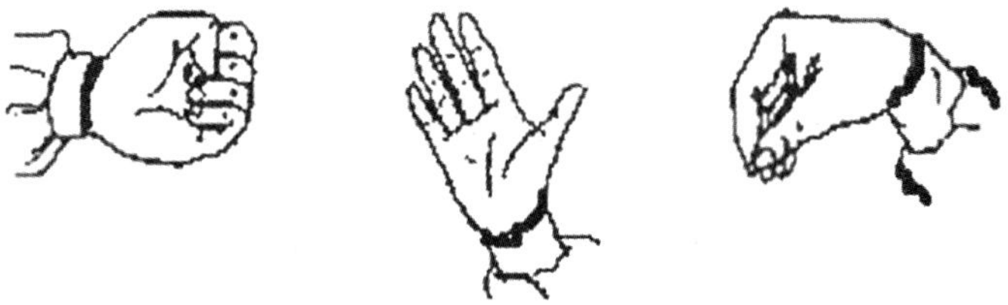

图3－1－1

拳——五指卷屈，拇指压于食指、中指第二指节上。握拳不可太紧，拳面要平。

掌——五指自然舒展，掌心微含，虎口呈弧形。

勾——五指第一指节自然捏拢、屈腕。

在进行太极拳运动的时候，主要用到上述三种手形。

（二）太极拳基本手法

拥——屈臂呈弧形举于体前，掌心朝内，力达前臂外侧。

捋——臂呈弧形，单手或双手向左（或右）侧后捋，臂须外旋或内旋，动作走弧形。

挤——一臂屈于胸前，另一手扶于屈臂手的腕部或前臂内侧，两臂同时前挤，臂撑圆，高不过肩。

按——单掌或双掌自上而下为下按；自后经下向前弧形推出为前按。

冲拳——拳自腰立拳向前打出，高不过肩，低不过胸，力达拳面。

单推掌——掌须经耳旁臂内旋向前立掌推出，掌指高不过眼，力达掌根。

二、太极拳的基本步形和步法

（一）太极拳的步形

太极拳的基本步形主要分为下述几种：

开立步——两脚分开，自然直立，与肩同宽，脚尖均向前，重心落于两腿间。

弓步——前腿全脚着地，屈膝前弓，膝部不得超过脚尖；后腿自然伸直，脚尖内扣斜前方 45 度，两脚横向距离为 10 厘米～30 厘米。

虚步——（图 3－2－1）一腿屈膝半蹲，全脚着地，脚尖斜朝前；另一腿微屈，前脚掌或脚跟点地。

仆步——（图 3－2－2）一腿全蹲，膝与脚尖稍外撇；另一腿自然伸直，平铺接近地面，脚尖内扣，两脚着地。

图 3－2－1

图 3－2－2

独立步——（图 3－2－3）一腿微屈自然直立站稳，脚尖外撇；另一腿屈膝提起举于体前，大腿高于水平，脚尖自然下垂。

（二）太极拳基本步法

图3－2－3

上步——（图3－2－4、图3－2－5）一腿支撑，另一腿提起经支撑腿内侧向前上步，脚跟先着地，随着重心前移，全脚着地。

退步——（图3－2－6、图3－2－7）一腿支撑，另一腿经支撑腿内侧退一步，脚前掌先着地，随着重心后移，全脚着地。

图3－2－4

图3－2－5

侧行步——（图3－2－8、图3－2－9、图3－2－10、图3－2－11）一腿支撑，另一腿提起侧向开步，脚前掌先着地，随着重心横移，全脚着地，逐渐

图 3－2－6

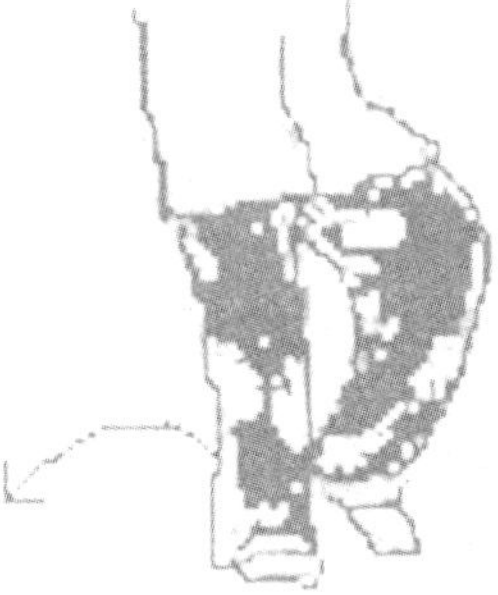

图 3－2－7

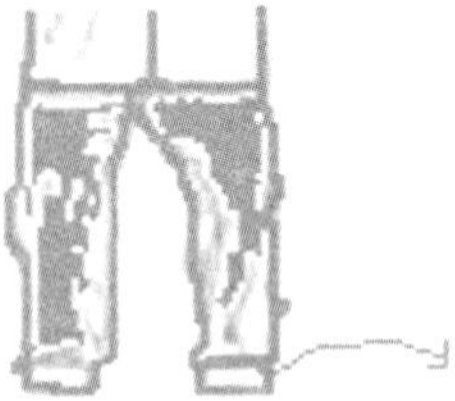

图 3－2－8

图 3－2－9

过渡为支撑腿；另一腿提起，向支撑腿内侧并步，仍须先以脚前掌着地，随着重心横移，全脚着地，过渡为支撑腿；并步时两脚间距为 10 厘米～20 厘米。

碾步——（图 3－2－12、图 3－2－13）以脚跟为轴，脚尖外撇或内扣，或以脚前掌为轴，脚跟外展。

跟步——（图 3－2－14）前腿支撑，后腿向前跟进半步，不超过支撑腿，脚前掌着地。

图 3－2－10

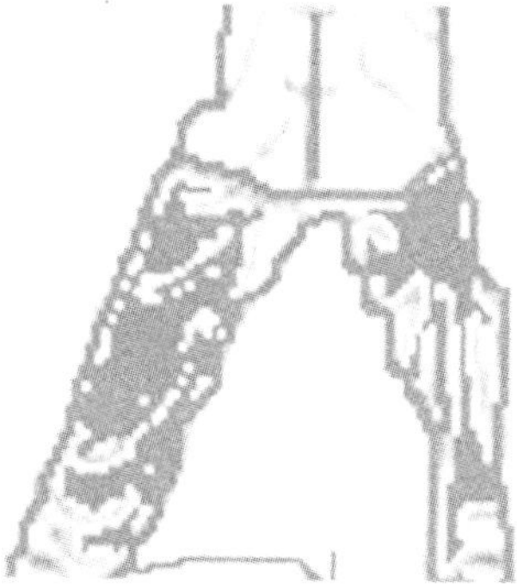

图 3－2－11

图 3－2－12

图 3－2－13

图 3－2－14

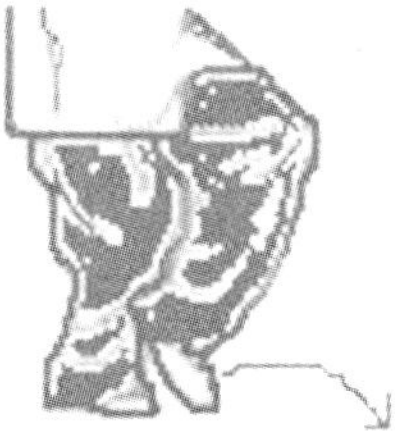

图 3－2－15

图 3－2－16

摆步——（图3－2－15、图3－2－16）上步落脚时，脚尖外撇，脚跟先着地。

三、太极拳对身体其他各部位姿势的要求

（一）头部

练习太极拳时，对头部姿势的要求是很严格的。所谓“头顶悬”、“虚领顶劲”，或“提顶”、“吊顶”的说法，都是要求练习者头向上顶，避免颈部肌肉硬直，更不要东偏西歪或自由摇晃。头颈动作应随着身体位置和方向的变换，与躯干的旋转上下连贯协调一致。面部要自然，下颏向里收回，口自然合闭，舌上卷舔住上颚，以加强唾液的分泌。眼神要随着身体的转动，注视前手（个别时候看后手）或平视前方，既不可皱眉努目，也不要随意闭眼或精神涣散。打拳时，神态力求自然，注意力一定要集中，否则会影响锻炼效果。

（二）躯干部

胸背：太极拳要领中指出要“含胸拔背”，或者“含蓄在胸，运动在两肩”，意思是说在锻炼过程中要避免胸部外挺，但也不要过分内缩，应顺其自然。“含胸拔背”是互相联系的，背部肌肉随着两臂伸展动作，尽量舒展开，同时注意胸部肌肉要自然松弛，不可使其紧张，这样胸就有了“含”的意思，背也有了“拔”的形式，从而也可免除胸肋间的紧张，呼吸调节也自然了。

腰脊：人体在日常生活中，行、站、坐、卧要想保持正确的姿势，腰脊起着主要作用。在练习太极拳的过程中，身体要求端正安舒，不偏不倚，腰部起着重要的作用。过去有人说，“腰脊为第一之主宰”，又说“刻刻留心在腰间，腹内松静气腾然”、“腰为车轴”，等等，都说明了如果腰部力量中断或在身体转动中起不了车轴作用，就不可能做到周身完整一气。练习时，无论是进退或旋转，凡是由虚而逐渐落实的动作，腰部都要有意识地向下松垂，以帮助气的下沉。注意腰腹不可用力前挺，以免影响转换时的灵活性。这样腰部向下松垂，可以增加两腿力量，使下盘得到稳固，使动作既圆活又完整。在配合松腰的要领当中，脊椎骨要根据生理正常姿态竖起，不可因松腰而故意后屈、前挺或左右歪斜，以致造成胸肋或腹部肌肉的无谓紧张。通过腰部维持身体的重心，能使动作既轻灵又稳定。可见，腰脊确是练太极拳的第一主宰。

臀部：练太极拳时要求“垂臀”（或称“敛臀”），这是为了避免臀部凸出而破坏身体的自然形态。练习时，要注意臀部自然下垂，不要左右扭动。在松腰、正脊的要求下，臀部肌肉要有意识地收敛，以维持躯干的正直。总之，垂臀和顶头的要求一样，应用意识调整，不是用力去控制。

（三）腿部

在练习太极拳的过程中，进退的变换，发劲的根源和周身的稳定，主要在于腿部。因而在锻炼时，要特别注意重心的移动、脚放的位置和腿弯的程度。练拳人常讲：“其根在脚，发于腿，主宰于腰，形于手指。”可见腿部动作姿势的好坏，关系着周身姿势的正确与否。腿部活动时，首先要求胯和膝关节放松，这样可以保证进退灵便。脚的起落，要轻巧灵活；前进时脚跟先着地，后退时脚掌先着地，然后慢慢踏实。初学的人，往往感到顾了手顾不了脚，而且大多数人只注意了上肢的动作，而忽略了腿脚的动作，以致影响了整个拳架的学习。应该充分认识腿脚动作在姿势变换中的重要性，认真学好各种步形步法。在练架子时，必须注意腿部动作的虚实，除“起势”、“收势”和“十字手”外，避免重心同时落在两腿上。所谓腿部动作的虚实，就是重心在右腿则右腿为实，左腿为虚；重心在左腿则左腿为实，右腿为虚。但是，为了维持身体平衡，虚脚还要起着一个支点的作用（如“虚步”的前脚和弓步的后脚）。总之，既要分清虚实，又不要绝对化。这样，进退转换不仅动作灵活稳定，而且可使两腿轮换负荷与休息，减少肌肉的紧张和疲劳。做弓步时，要以一腿弯曲支持重心，另一腿轻轻提起伸直（不可僵挺），脚跟自然落下，然后全脚慢慢踏实向前弓腿，这样进退自然，步幅适当。做跟步动作时，脚掌要先着地。蹬脚、分脚动作，宜慢不宜快（个别动作除外），应保持身体平衡稳定。摆脚动作（如“摆莲脚”）或拍脚的动作，不可紧张，须根据个人技术水平而定，手不拍脚也可以。

（四）臂部

太极拳术语中讲“沉肩垂肘”，就是要求这两个部位的关节放松。肩、肘两个关节是相关联的，能沉肩就能垂肘。运动时应经常注意肩关节放松下沉，并有意识地向外引伸。太极拳对手掌部位的要求是：凡是收掌的动作，手掌应微微含蓄，但又不可软化、飘浮；当手掌前推时，除了注意沉肩垂肘之外，同时手腕要微向下塌，但不可弯得太死。手法的屈伸翻转，要力求轻松灵活。出掌要自然，手指要舒展（微屈）。拳要松握，不要太用力。手和肩的动作是完整一致的，如果手过度向前引伸，就容易把臂伸直，达不到“沉肩垂肘”的要求；而过分地沉肩垂肘，忽略了手的向前引伸，又容易使臂部过于弯曲。总之，做动作时，臂部始终要保持一定的弧度，推掌、收掌动作都不要突然断劲儿，这样才能做到既有节奏又能连绵不断、轻而不浮、沉而不僵、灵活自然。

四、太极拳的动作要领

在练习太极拳的过程中，运动动作需要根据下述动作要领按照套路进行，要柔和缓慢，循序渐进。

（一）意识引导动作

人体的任何动作（除反射性动作外），包括各种体育锻炼的动作，都需经过意识的指挥。练习太极拳的全部过程，也要求用意识（即想象力）引导动作，把注意力贯注到动作之中。如做太极拳“起势”，两臂徐徐前举的动作，从形态上看和体操中的“两臂前平举”的动作相仿，但在太极拳的练法上，不是随便地把两臂抬起来，而是首先要求想着两臂前平举的动作，随后慢慢地把两臂抬起来；又如做两手向前推出的动作，首先就要有向前推按的想象。意欲沉气，就要有把气沉到腹腔深处的想象。意不停，动作亦随之不停，就好像用一条线把各个动作贯穿起来一样。总之，练习太极拳从“起势”到“收势”，所有动作都要注意用意识去支配。过去练拳人所说的“神为主帅，身为驱使”、“意动身随”就是这个意思。为了掌握这个要领，必须注意以下两点：

第一，安静。练拳时从准备姿势开始，首先就要从心理上安静下来，不再思考别的问题，然后按动作的要求检查，头是否正直，躯干和臂是否放松了，呼吸是否自然通畅。当这些都合乎要求时才做以后的动作。这是练拳前一个重要的准备过程。这种安静的心情，应贯穿到练习的全部动作中去。练拳时，无论动作简单或复杂、姿势高或低，心理上始终要保持安静状态，这样才能保持意识集中，精神贯注到每个细小的动作之中，否则就会造成手脚错乱、快慢无序或做错了动作的现象。打太极拳要求“以静御动，虽动犹静”、“动中求静”。如能做到这些，就不至于引起神经过分紧张以致过度疲劳。

第二，要集中注意力。在心理安静的前提下，还要把注意力放在引导动作和考虑要领上，专心致志地练拳。不要一面打拳，一面东张西望或思考别的事情。初学太极拳的人，很容易忘掉“用意”这个要求。经久练习，就可意动身随，手到劲发，想象力自然地与肢体的活动密切配合。

（二）注意放松，不用拙力

这里所讲的放松，不是全身的松懈疲怠，而是在身体自然活动或稳立情况下，使某些可能放松的肌肉和关节做到最大限度的放松，做动作时避免使用拙力和僵劲。在练习中，要求人体的脊柱按自然的形态直立起来，使头、躯干、四肢等部位进行舒松自然的活动。太极拳姿势要求上体正直安舒，不要前俯后仰或左右偏斜。它所用的力，是维持姿势的正确与稳定而自然用的力，有的称它为规矩的力，也有的称它为“劲”。两臂该圆的，就必须做到圆满；腿该屈的，就必须屈到所要求的程度。除按照要求所用的力量之外，其他部位肌肉要尽量放松。当然，初学时比较难掌握“力”的界限，所以首先应注意放松，使身体各个关节都舒展开，避免紧张，力求圆活。然后由“松”再慢慢地使力量集中起来，达到式式连贯、处处圆活、不僵不拘、周身协调的要求。

（三）上下相随，周身协调

太极拳是一种使身体全面锻炼的运动项目。有人说，打太极拳时，全身“一动无有不动”；又说，练拳时全身“由脚而腿而腰总须完整一气”，这些都是形容“上下相随，周身协调”的。初学太极拳的人，虽然在理论上知道许多动作要以腰部为轴，由躯干带动四肢来进行活动，但因为意念与肢体动作还不能密切配合，想做到周身协调也是有困难的。所以，最好先通过单式练习（如单练“起势”、“云手”等），以求得躯干与四肢动作的协调，同时也要练习步法（如站虚步、弓步以及移动重心、变换步法等），以锻炼下肢的支撑力量和熟练地掌握步法要领。然后再通过全部动作的连贯练习，使步法的进退转换与躯干的旋转、手法的变化相互配合，逐渐达到全身既协调又完整，从而使身体各个部位都得到均衡的锻炼与发展。

（四）虚实分清，重心稳定

初步了解了太极拳的姿势、动作要领后，就要进一步注意动作的虚实和身体重心问题。因为一个姿势与另一个姿势的连接，位置和方向的改变，处处都贯穿着步法的变换和转移重心的活动。在锻炼中也要注意身法和手法的运用，由虚到实，或由实到虚，既要分明，又要连贯不停，做到势断意不断，一气呵成。

如果虚实变化不清，进退变化一定不灵，就容易产生动作迟滞、重心不稳和左右歪斜的毛病。过去有人说："迈步如猫行，运劲如抽丝"，就是形容练太极拳应当注意脚步轻灵和动作匀称。要做到这一点，首先应注意虚实变换得当，使肢体各部位在运动中没有不稳定的现象。假如不能维持身体的平衡稳定，那就根本谈不到动作的轻灵、均匀（虚实变换的问题可参阅下面"对身体各部位姿势的要求"和其他有关段落）。

太极拳的动作，无论怎样复杂，首先都要把自己安排得舒适，这是太极拳"中正安舒"的基本要求。凡是旋转的动作，应先把身体稳住再提腿换步；进退的动作，先落脚而后再慢慢地改变重心。同时，躯体做到了沉肩、松腰、松胯以及手法上的虚实，也会帮助重心的稳定。这样练习日久，动作无论快慢，都不会产生左右摇摆、上重下轻和稳定不住的毛病。

（五）呼吸自然

练太极拳要求呼吸自然，不要因为运动而引起呼吸急促。人们无论做任何体育活动，机体需要的氧都要超过不运动的时候。在练习太极拳时，由于动作轻松柔和，身体始终保持着缓和协调，所以增加呼吸深度的方式就可以满足体内对氧的需要，对正常的呼吸影响并不太大。初学太极拳的人，首先要注意保持自然呼吸，这就是说，在做动作时，练习者应按照自己的习惯和当时的需要进行呼吸，该呼就呼，该吸就吸，动作和呼吸不要互相约束。动作熟练之后，可根据个人锻炼体会的程度，毫不勉强地随着速度的快慢和动作幅度的大小，按照起吸落呼、开吸合呼的要求，使呼吸与动作自然配合。例如，做“起势”的两臂慢慢前平举时要吸气，而身体下蹲、两臂下落时则要呼气。这种呼吸方式是根据胸廓张缩和膈肌活动的变化，在符合动作要求与生理需要的基础上进行的。这样能够提高氧的供给量和加强横膈膜的活动。但是，在做一般起落开合不很明显的动作时，或在以不同的速度练习、不同体质的人练习时，动作与呼吸的配合不能机械勉强的要求一致。否则便违反了生理自然规律，不仅不能得到好处，反而可能造成呼吸的不顺畅和动作的不协调。以上要领不是彼此分离，而是相互联系的。如果心理不能“安静”，就不能意识集中和全神贯注，也就难以使意念与动作结合进行，更达不到连贯和圆活的要求。如果虚实与重心掌握不好，上体过分紧张，也不可能做到动作协调、完整一体，呼吸也就谈不上自然了。

五、初学太极拳的注意事项

太极拳是我们国家的民族传统运动项目，练习太极拳不但能够强身健体，而且在练习的过程中，太极拳本身还具有人体与自然和谐的美感。在进行这项运动的时候，一定要注意下列问题。

（一）速度要均匀

初学太极拳时宜慢不宜快，从慢上练功夫，打基础，先把动作学会，把要领掌握好。熟练以后，不论速度稍快或稍慢，都要从头到尾保持匀速。打一套“简化太极拳”，正常的速度是 4 分钟 ~6 分钟。有的人慢练，可长达八九分钟，但也不可太慢。

（二）架势不可忽高忽低

初学时架势可以高一点，也可低一点，但在“起势”时就要确定高低程度，以后整套动作要大体上保持同样的高度（除“下势”以外）。体弱者最好采用高一点的架势练习，随着动作的熟练和体质的增强，再练中型架势或低一些的架势。

（三）适当掌握运动量

太极拳运动虽然不如体操运动和其他长拳运动剧烈，但是由于它要求上下肢在一定的弯曲度下做慢动作，加之要求全身内外上下高度集中统一，所以，还是有一定运动量的。特别是下肢的运动量比较大。因为打这种拳，一方面要求两腿分清虚实，重心经常由一条腿来负担，而这条腿又是在膝关节弯曲情况下来支撑重心的；另一方面，由一个姿势转到另一个姿势、重心由一腿过渡到另一腿上时要求缓慢，用的时间较长，这就大大增加了下肢的负荷量。所以，初学的人练完一两趟“简化太极拳”，往往会感到两腿酸痛，这是正常的生理现象。坚持练下去，这种腿部酸痛现象自会消失。

每次锻炼的时间长短、趟数多少、运动量大小，应根据工作和学习情况及自己的体质而定。一般健康无病的人，运动量可以略大一些，可以连续打一趟或两趟。老年人和体弱者要根据自己的身体情况，适当调节运动量，可以单练一组或几组；也可以专练一两个式子，如“揽雀尾”、“云手”、“起势”等；还可以架势稍高一些，如“弓步”的前腿应当是膝盖与脚尖在一条垂线上。这时，膝关节弯曲度可略小一些。患有不同伤病的人，每次的运动量不宜太大，要注意循序渐进，逐步加大运动量，必要时应征求医生的意见。总之，在初练太极拳时，运动量的掌握务必要因人制宜，因病制宜，不应贪多求快，急于求成。

（四）持之以恒

练太极拳同从事其他体育锻炼一样，贵在坚持。不仅开始时要积极参加练习，而且一定要坚持继续练下去。根据自己生活、工作或学习的时间情况，最好每天在业余时间能安排一定的时间进行练习。切不可“三天打鱼，两天晒网”、“一暴十寒”，或是认为已经练会了，或者感到病情有所好转，就不再继续坚持练习。那样，不仅不能逐步提高太极拳的技术水平，不能做到精益求精，而且更重要的是不能较好地收到坚持练太极拳增强体质和治病防病的效果。一般情况下，每天在班前、班后或工间操、课间操时间，在本单位的院落、空地都可以练习。有条件的最好能在清晨或晚间，就近到公园、树林、广场、河边、空地等空气清新和环境安静的地方练习。如果这些地方设有太极拳辅导站，可以参加集体学习，收效会更好一些。此外，初学的人如果没有专人指导，可几个人在一起，采用互教互学的办法来解决。例如，先由一人按照图解上的动作说明来指导其他人学练，然后依次轮换。要仔细地研究前面所说的锻炼方法，正确掌握要领。这比一个人自己看图解学拳要快一些，效果要好一些。

第四章
二十四式简易太极拳

二十四式简易太极拳，是国家体委为了进一步推广普及太极拳运动，经过调查研究，在杨式太极拳基础上改编而成的简化太极拳。全套动作简单、易学，在很大程度上推动了太极拳运动的普及。

简化太极拳是中国武术段位制之太极拳初级段位“三段”的规定考评技术，共有二十四个动作，也称二十四式太极拳。二十四式太极拳是1956年由国家体委为了进一步在全国推广普及太极拳运动，经过调查研究，根据杨式太极拳改编而成的简化太极拳。练一套简化太极拳，从起势到收势总共只需6~7分钟，这比杨、陈、吴、武、孙式太极拳每套练拳时间缩短了，为推广、普及太极拳起了很大的作用。

1997年，随着武术段位制的实施，二十四式太极拳被中国武术段位制编写组作为太极拳三段位套路之一，并经国家体育总局武术研究院和武术运动管理中心审定通过。该套路结构完整、内容全面，但仍属太极拳基础套路。全套路包括了三种手形（掌、拳、勾），五种步形（马步、弓步、虚步、仆步、独立步），十八种手法（举、穿、挑、云、拥、捋、挤、按、搬、拦、捶、采、捌、肘、插、架、贯、撑），六种步法（横开步、上步、退步、碾步、侧行步、并步）和一种腿法（蹬脚），全面介绍了太极拳的动作要求和基本技术。

学习二十四式太极拳是掌握基本要领、基础动作，提高拳术技能的重要途径，初学者可以通过习练，逐步娴熟姿势动作，深入理解拳理拳法，为提高太极拳术奠定基础台阶。

值得注意的是，在练习太极拳进行健身时要掌握适当的运动量，因人制宜，因病制宜，不可贪多求快、急于求成，并要循序渐进和持之以恒，才能取得良好的效果。

一、二十四式太极拳动作名称

1. 起势
2. 左右野马分鬃
3. 白鹤亮翅
4. 左右搂膝拗步
5. 手挥琵琶
6. 左、右倒卷肱
7. 左揽雀尾
8. 右揽雀尾
9. 单鞭
10. 云手
11. 单鞭
12. 高探马
13. 右蹬脚
14. 双峰贯耳
15. 转身左蹬脚
16. 右下势独立
17. 右下势独立
18. 左右穿梭
19. 海底针
20. 闪通臂

21. 转身搬拦捶　　22. 如封似闭
23. 十字手　　24. 收势

二、动作配图解说

1. 起势（预备势）

身体自然直立，两腿并拢，两腿自然伸直。胸腹放松，两臂下垂手指微屈，两手垂于大腿外侧。头顶正直，下颏微收，口闭齿扣，舌抵上腭。精神集中，表情自然，双眼平视前方（图 4－2－1）。

图 4－2－1

图 4－2－2

左脚向左分开半步，足距与肩同宽，两脚平行向前，成开立步（图4－2－2）。

两臂慢慢向前平举，与肩同高、同宽，双臂自然伸直，肘关节向下微屈；两手心向下，指尖向前（图4－2－3）。

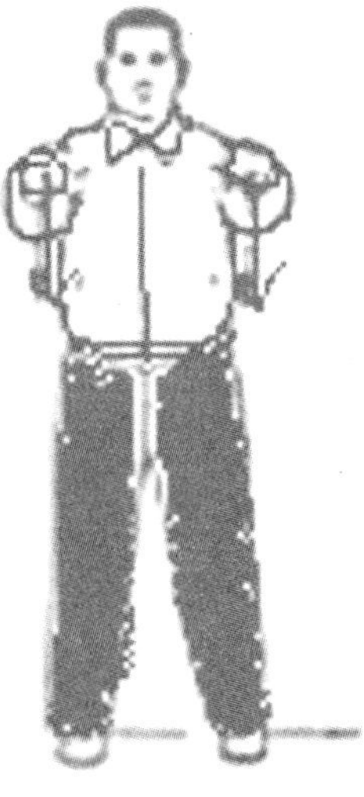

图4－2－3

图4－2－4

两腿慢慢屈膝半蹲，重心落于两腿之间，成马步，同时两掌轻轻下按至腹前，上体舒展正直，两眼平视前方（图4－2－4）。

要点：左脚开步前，肩、腰、胯、膝各关节须依次松开；两臂前举时，肩、肘松沉，重心微后移，脊背后撑；屈蹲下按时，两臂下落要与身体下蹲动作协调一致，屈髋敛臀，使骨盆后仰，脊柱节节对正，身体重心落于双脚后 1/3 处的连线上，形成立身中正之势。

2. *左右野马分鬃*

上体稍右转；右臂屈抱于右胸前，手高不过肩，肘略低于手，手心向下；左臂屈抱于腹前，手心向上，两手上下相对，如在右肋前“抱球”；左脚收至右脚内侧，脚尖点地；眼看右手（图 4－2－5、图 4－2－6）。

图 4－2－5

图 4－2－6

上体左转；左脚向左前方迈出一步，脚跟轻轻着地，重心仍在右腿上（图4－2－7）。

图4－2－7

图4－2－8

上体继续左转；重心前移，左脚踏实，左腿屈膝前弓；右腿自然蹬直，右脚跟外展，成左弓步；同时两掌前后分开，左手分至体前，高与眼平，手心斜向上；右手按至右胯旁，手心向下，指尖朝前；两臂微屈；眼看左掌（图4－2－8、图4－2－9）。

重心稍向后移，左脚尖跷起外撇，上体稍右转；两手准备翻转“抱球”；眼仍看左手（图4－2－10）。

要点：弓步分掌上步时，要屈髋敛臀，后腿须屈膝外撑，膝与脚尖对正，不可出现“伸髋、顶膝”或“转髋、拧腿、跪膝”的现象，避免引起膝部疼痛或产生劳损；弓步分掌成弓步时，弓腿一侧的胯与

图 4 -2 -9

图 4 -2 -10

肩要垂直对正，膝不可超过脚尖，两脚横向距离应保持在 20 厘米左右。

上体继续左转，左手翻转成手心向下，在左胸屈抱。右手翻转前摆，手心向上，在腹前屈抱，两手上下相对，如在左肋前“抱球”；重心移至左腿，左腿踏实，右脚收至左脚内侧，脚尖点地，眼看左手（图 4 -2 -11、图 4 -2 -12）。

上体稍右转；右脚向右前方迈出一步，脚跟轻轻着地（图 4 -2 -13）。

上体继续右转，重心前移，右脚踏实，右腿屈膝前弓；同时左腿自然蹬直，左脚跟外展成右弓步；两手前后分开，右手分至体前，高与眼平，手心斜向上；左手按至左胯旁，手心向下，指尖向前；两臂微

图 4－2－11

图 4－2－12

图 4－2－13

图 4－2－14

屈；眼看右手（图 4－2－14）。

重心稍后移，右脚尖跷起外撇，上体稍右转；两手准备翻转“抱球”（4－2－15）。

上体继续右转，右手翻转成手心向下，在右胸前

图 4－2－15

图 4－2－16

屈抱；左手翻转前摆，在腹前屈抱，两手上下相对，如在右肋前“抱球”；重心前移，右脚踏实，左脚收至右脚内侧，脚尖点地，眼看右手（图 4－2－16）。

图 4－2－17

图 4－2－18

上体左转，左脚向左前方迈出一步，脚跟轻轻着地，重心仍在右脚上（4－2－17、4－2－18）。

上体继续左转；重心前移，左脚踏实，左腿屈膝前弓；右腿跟外展，成左弓步；同时两掌前后分开，左手分至体前，高与眼平，手心斜向上；右手按在右胯旁，手心向下，指尖向前；两臂微屈；眼看左掌（图4－2－19）。

图4－2－19

图4－2－20

要点：做跟步“抱球”重心后移时，前腿蹬地，后腿屈膝外撑，屈髋敛臀，并随重心后移微向左旋；当跟步“抱球”后腿蹬地转髋时，重心须向前向外旋移，支撑腿要屈髋、屈膝外撑站稳，膝与脚尖对正，后脚跟步要轻灵，不可出现拖地现象。

3. 白鹤亮翅

上体稍左转；右脚向前跟半步，前脚掌轻轻落地，与左脚跟相距一脚长；同时两手翻转相对，在胸前屈臂“抱球”。左手在上，手心向下，右手向下，手心向上；眼看左手（图4－2－20）。

图4－2－21

重心后移，右脚踏实；同时上体后坐，并向右转体；两手开始交错分开，右手上举，左手落下；眼看右手（图4－2－21）。

上体转正；左脚稍向前移动，前脚掌着地，成左虚步；同时右手向上分到右额前，掌心向内，左手按在左腿旁；眼平视前方（图4－2－22）。

要点：做虚步亮翅，上体右转动时，要以腰、脊为轴带动右手上提和左手下按，重心不可上下起伏；虚步时，膝与脚尖对正，胸部不要挺出，两臂上下都要保持半圆形。第1、2分动作掌握之后，应连贯起

图 4－2－22

图 4－2－23

来练习。

4. 左右搂膝拗步

上体稍左转；右手摆至体前，手心转向上；眼看右手（图 4－2－23）。

上体右转；两臂交叉摆动，右手自胸前下落，经右胯侧向右后方上举，与头同高，手心向上；左手自左侧上摆，经头前向右画弧落至右肩前，手心向下；左脚回收落在右脚内侧，脚尖点地；头随身体转动，眼看右手（图 4－2－24、4－2－25、4－2－26）。

上体稍左转；左脚向左前方迈出一步，脚跟轻轻落地；右臂屈肘，右手收至肩上头侧，虎口对耳，掌心斜向前；左手落在腹前；眼看前方（图 4－2－27）。

图 4－2－24

图 4－2－25

图 4－2－26

图 4－2－27

上体继续左转；重心前移，右脚踏实，右腿屈弓，左腿自然蹬直成左弓步；左手经左膝前向左搂过，按于左腿外侧，掌心向下，指尖向前；右手向前推出，指尖与鼻尖相对，掌心向前，指尖向上，右臂自然伸直，肘微屈垂；眼看右手（4－2－28）。

图 4－2－28

图 4－2－29

重心稍后移，左脚尖跷起外撇，上体左转；两臂外旋，开始向左摆动；眼看右手（4－2－29）。

上体继续左转；重心前移，左脚踏实，右脚收至左脚内侧，脚尖点地；左手经头前画弧摆至左肩前，掌心向下；左手向左上方画弧上举，与头同高，掌心向上，左臂自然伸直，肘部微屈；头转看左手（图 4－2－30）。

要点：弓步推掌上步时，要屈髋、敛臀，后腿须屈膝外撑，膝与脚尖对正，不可出现伸髋、顶膝或转髋、拧腿、跪膝的现象，以避免引起膝部疼痛或产生劳损。

上体稍右转；右脚向右前迈出一步，脚跟轻轻落地；左臂屈肘，左手收至肩上头侧，虎口对耳，掌心斜向前；同时右手下落至腹前，手心向下，肘部微屈；眼睛看着左手（图4－2－31）。

图4－2－30

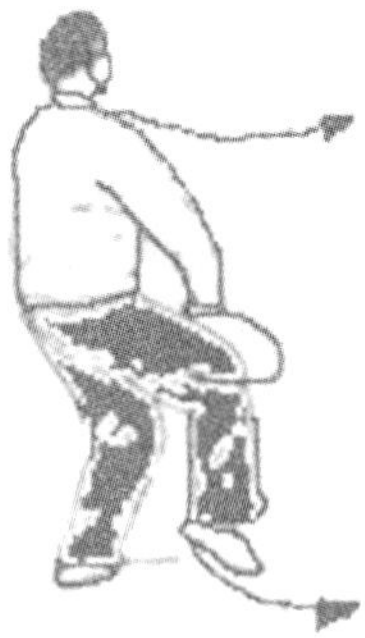

图4－2－31

上体继续右转；重心前移，右脚踏实，右腿屈弓，左腿自然蹬直成右弓步；右手经右膝前上方向右搂过，按于右腿外侧，掌心向下，指尖向前；左手向前推出，指尖与鼻尖相对，掌心向前，指尖向上，左臂自然伸直，肘部微垂；眼看左手（图4－2－32）。

重心稍后移，右脚尖跷起外撇，上体右转；两臂外旋，开始向右摆动；眼看左手（图4－2－33）。

要点：推掌时，要沉肩垂肘，并与前腿弓、后腿蹬协调一致；成弓步时，弓腿一侧的胯与肩要垂直对正，膝不可超过脚尖，两脚跟的横向距离应保持在30厘米左右；收脚举手重心后移时，前腿蹬地，后

图 4 –2 –32

图 4 –2 –33

腿屈膝外撑，屈髋敛臀，并随重心后移微向左旋。

上体继续右转；重心前移，右脚踏实，左脚收至右脚内侧，脚尖点地；左手画弧，经头前摆至右肩前，掌心向下；右手向右上方画弧上举，与头同高，掌心向上，右臂自然打开，肘部微屈；头转看右手（图 4 –2 –34、图 4 –2 –35）。

上体稍左转；左脚向右前方迈出一步，脚跟轻轻落地；右臂屈肘，右手收至肩上头侧，虎口对耳，掌心斜向前；同时左手下落至腹前，掌心向下，肘部微屈；眼睛看着右手（图 4 –2 –36）。

上体继续左转；重心前移，左脚踏实，左腿屈弓，右腿自然蹬伸左弓步；左手经左膝前上方向左搂

图 4－2－34

图 4－2－35

图 4－2－36

图 4－2－37

过，按于左腿外侧，掌心向上，指尖向前，右臂自然伸直，肘部微垂；眼看右手（图 4－2－37）。

要点：收脚举手时，后腿蹬地转髋，重心须向前、向外旋移，支撑腿要屈髋、屈膝外撑站稳，膝与脚尖对正，后脚跟步要轻灵，不可出现拖地现象。

5. 手挥琵琶

右脚向前收拢半步，脚前掌落于左脚后，与左脚相距约一脚长；右臂稍向前伸展，腕关节放松（图4-2-38）。

图4-2-38

图4-2-39

重心后移，右脚踏实，上体右转；左手向左、向上画弧摆至体前，手臂自然伸直，掌心斜向下；左脚随左臂微微抬起，右手屈臂后引，收到胸前，掌心斜向上；眼睛看着左手（图4-2-39）。

上体稍向左转，左脚稍向前移，脚跟着地，成左虚步；两臂外旋，屈肘合抱，两手前后交错，侧掌置于体前。左手与鼻相对，掌心向右；右手与左肘相对，掌心向左，两臂犹如抱琵琶的样子；眼看左手（图4－2－40）。

图4－2－40

图4－2－41

要点：提步前推右脚提起时，脚跟先离地，然后轻轻将全脚提起；虚步挑抱右脚落步时先以脚前掌着地，随重心后移再慢慢将全脚落实；完成虚步合手动作时，两肩要松沉，两臂要有合劲，整个动作过程身体要保持自然平稳。

6. 左、右倒卷肱

上体稍右转；两手翻转向上，右手随转体下经腰侧向后上方画弧，右臂微屈，手与头同高，左手翻转停于体前；头随身体转动，眼先看右手（图4－2－41、图4－2－42）。

图4-2-42

图4-2-43

上体稍左转；左脚提收后向后退一步，脚前掌轻轻落地；右臂屈卷，右手收至肩上耳侧，掌心斜向下方；左手开始后收；眼看左手（图4-2-43）。

上体继续左转；重心后移，左脚踏实，右脚以脚掌为轴扭直，脚跟离地，右膝微屈成右虚步；右手推至体前，腕与肩同高，掌心向前；左手向后、向下画弧，收至左腰侧，手心向上；眼看右手（图4-2-44）。

上体稍左转；左手向左后上方画弧，与头同高，掌心向上，左臂微屈；右手翻转停于体前；头随身体转动，眼先看左手，再转看右手（图4-2-45）。

上体稍右转；右脚提收向后退一步，脚前掌轻轻落地；左臂屈卷，左手收至肩上耳侧，掌心斜向前下方；右手开始后收；眼看右手（图4-2-46）。

图 4 –2 –44

图 4 –2 –45

图 4 –2 –46

图 4 –2 –47

上体继续右转；重心后移，右脚踏实，左脚以脚掌为轴扭直，脚跟离地，左膝微屈成左虚步；左手推至体前，腕与肩同高，掌心向前；右手向后、向下画弧，收至右腰侧，掌心向上；眼看左手（图 4 –2 –47）。

上体稍右转；右手随转体后上方画弧，右臂微屈，手与头同高，手心向上；左手翻转停于体前，掌心向上；头随身体转动；眼先看右手，再转看左手（图4－2－48）。

图4－2－48

图4－2－49

上体稍左转；左脚提收向后退一步，脚前掌轻轻落地；右臂屈卷，右手收至右肩上耳侧，掌心斜向下方；左手开始后收；眼看左手（图4－2－49）。

上体继续左转；重心后移，左脚踏实，右脚以脚掌为轴扭直，脚跟离地，右膝微屈成右虚步；右手推至体前，腕与肩同高，掌心向前；左手向后、向下画弧，收至左腰侧，手心向上；眼看右手（图4－2－50）。

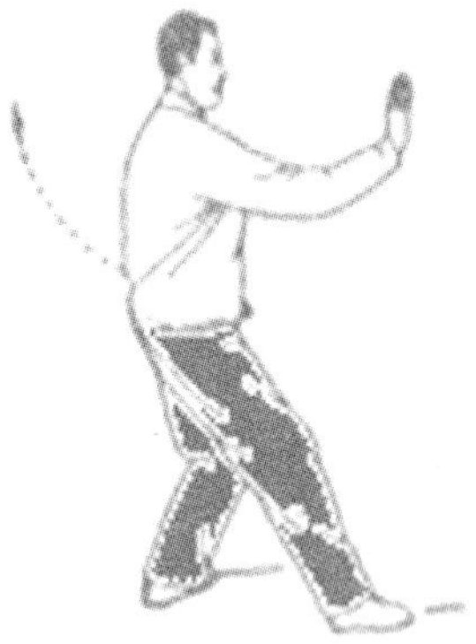

图 4-2-50

图 4-2-51

上体稍左转；左手向左后上方画弧，手与头同高，掌心向上，左臂微屈；右手翻转停于体前，掌心向上；头随身体转动，眼先看左手，再转看右手（图4-2-51）。

上体稍右转；右脚提收向后提一步，脚前掌轻轻落地；左臂屈卷，左手收至肩上耳侧，掌心斜向前下方；右手开始后收；眼看右手（图4-2-52）。

上体继续右转；重心后移，右脚踏实，左脚以脚掌为轴扭直，脚跟离地，左脚微屈成左虚步；左手推至体前，腕与肩同高，掌心向前；右手向后、向下画弧，收至右腰侧，掌心向上；眼看左手（图4-2-53）。

要点：退步时脚前掌先着地，然后全脚慢慢踏

图 4-2-52

图 4-2-53

实，前脚随重心后移足跟向外碾正，要做到虚实转换清楚，身体不可上下起伏；成虚步时，要屈髋敛臀、立身中正，两脚横向距离保持在 10 厘米左右，避免两腿交叉，重心不稳。

7. 左揽雀尾

上体微右转；右手由腰侧向右上方画弧，右臂微屈，手与肩同高，掌心斜向上；左手在体前放松，手心向下；头随身体转动，眼向右平视（图 4-2-54）。

右手屈臂抱于右胸前，掌心翻转向下；左手画弧下落，屈抱于腹前，掌心转向上，两手上下相对如“抱球”状；左脚收至右脚内侧，脚尖点地；眼看右

图 4－2－54

图 4－2－55

手（图 4－2－55）。

上体微左转，左脚向左前方迈出一步，脚跟轻轻落地；眼看前方（图 4－2－56）。

上体继续左转；重心前移，左脚踏实，左腿屈膝前弓，右腿自然蹬直，成左弓步；两手前后分开，左臂半屈向体前，腕与肩同高，掌心向内，右手向下画弧按于右胯旁，掌心向下，五指向前，眼看左手（图 4－2－57、图 4－2－58）。

上体稍左转；左手向左前方伸出，掌心转向下；同时右臂外旋，右手经腹前向上、向前伸至左前臂内侧，掌心向上；眼看左手（图 4－2－59）。

要点：上步时，要屈髋松腰，后腿屈膝外撑，膝

图 4-2-56

图 4-2-57

图 4-2-58

图 4-2-59

与脚尖对正；向前时，右脚蹬地左腿前弓要与左臂向前、右手下按，配合协调一致；成弓步时，两臂前后均保持弧形，两脚跟横向距离 10 厘米 ~ 15 厘米。两手下捋重心后移时，上体不可后仰或前俯，臂部不可凸出，两手须沿弧线运动，前脚全脚掌着地。

上体右转；两手同时向下经腹前向右后方画弧后捋，右手举于身体侧后方，与头同高，掌心向外；左臂平屈于胸前，掌心向内；重心后移，身体后坐，右腿屈膝，左腿自然伸直；眼看右手（图4－2－60）。

图4－2－60

图4－2－61

上体左转，正对前方；右臂屈肘，右手收至胸前，搭于左腕内侧，掌心向前；左前臂仍屈收于胸前，掌心向内，指尖向右；眼看前方（图4－2－61）。

重心前移，左腿屈弓，左腿自然蹬直成左弓步；右手推送左前臂向体前挤出，与肩同高，两臂撑圆；眼看前方（图4－2－62）。

要点：当两手下捋至腹前，身体重心向右腿后移时，上体再向右旋转，并继续带动左右手画弧运行；

上体左转时，要以腰脊为轴，带动上体左旋和右臂屈肘回折，动作力求自然协调；两手向前挤时，上体要正直，前挤与下肢的蹬地、转髋、弓腿要协调一致。

双手反转，手心向下，身体向后移动，双臂微屈，眼睛看着前方（图 4－2－63）。

图 4－2－62

图 4－2－63

重心后移，上体后坐，右腿屈膝，左腿自然垂直，左脚尖跷起；左手翻转向下；右手经左腕上方向前伸出，掌心也转向下。两手左右分开与肩同宽，两臂屈收，两手后引，经胸前收到腹前，手心斜向下；眼向前平视（图 4－2－64、图 4－2－65）。

重心后移，左脚踏实，左腿屈弓，右腿自然蹬直成左弓步；两手沿弧线推按至体前，两腕与肩同高、

图 4－2－64

图 4－2－65

同宽，两掌心向前，指尖向上；眼看前方（图 4－2－66）。

要点：坐腿回按身体重心后移时，左腿屈膝外撑，膝与脚尖对正，双手屈肘回按要与含胸、屈髋、敛臀动作协调一致；“弓步前按”时，前腿须屈踝前弓落脚，两手须走曲线，裆部应走下弧线；成弓步时，两手腕部高与肩平，两肘微屈。

图 4－2－66

8. 右揽雀尾

重心后移，上体右转，左脚尖内扣；右手经头前画弧右摆，掌心向外，两手平举于身体两侧；头及目光随右手移转（图4－2－67、4－2－68）。

图 4－2－67

图 4－2－68

左腿屈膝，重心左转，右脚收至左脚内侧，脚尖点地；左手屈抱于左胸前，手心向下；右手屈抱于腹前，手心向上，两手上下相对，左肋前“抱球”眼看左手（图 4－2－69、图 4－2－70）。

要点：右揽雀尾中，回身“抱球”身体重心后移时，右腿要屈膝外撑，不可出现跪膝现象；身体右转左脚里扣时，左腿膝部要保持微屈；当重心回移左腿时，要旋腰转背，带动两臂弧形运转；收脚成

图 4－2－69

图 4－2－70

“抱球”姿势时，屈髋敛臀，立身中正；其余动作要求同“左揽雀尾”。

上体微右转，右脚向右前方迈出一步，脚跟轻轻落地；眼看前方（图 4－2－71）。

上体继续右转，重心前移，右脚踏实，右腿屈膝前弓，左腿自然蹬直，成右弓步；两手前后分开。右臂半屈向体前，腕与肩同高，掌心向内；左手向下画弧按于左胯旁，手心向下，指尖向前；眼看右手（图 4－2－72）。

上体稍右转；右手向右前方伸出，掌心转向下。同时左臂外旋，左手经腹前向上、向前伸至右前臂内侧，掌心向上；眼看右手（图 4－2－73）。

上体左转；两手同时向下经腹前向左后方画弧后

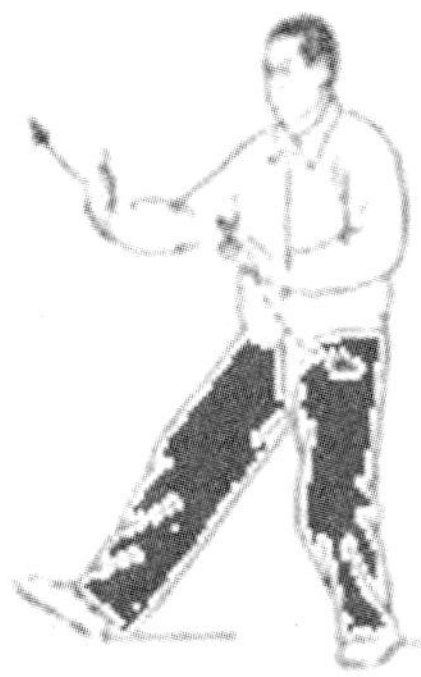

图 4 -2 -71

图 4 -2 -72

图 4 -2 -73

图 4 -2 -74

图 4 -2 -75

捋，左手举于身体侧后方，与头同高，掌心向外。右臂平屈于胸前，掌心向内；重心后移，身体后坐，左腿屈膝，右腿自然伸直；眼看左手（图 4 -2 -74）。

上体右转，左臂随转身向前，手掌向前，右臂经胸前屈臂向前，手心向内，眼睛看着前方（图 4 -2 -75）。

上体继续右转，正对前方；左臂屈收，左手收至胸前，搭于右腕内侧，掌心向前，右前臂仍屈于胸前，掌心向内，指尖向左；眼看前方（图 4 - 2 - 76）。

图 4 - 2 - 76

图 4 - 2 - 77

重心前移，左腿屈弓，左腿自然蹬伸成左弓步；左手推送右前臂向体前挤出，与肩同高，两臂撑圆；眼看前方（图 4 - 2 - 77）。

重心后移，上体后坐，左腿屈膝，右腿自然伸直，右脚尖跷起；左腿翻转向下，左手经右腕上方向前伸出，掌心也转向下。两手左右分开与肩同宽，两臂屈收，两手后引，经胸前收到腹前，手心斜向下；眼向前平视（图 4 - 2 - 78、图 4 - 2 - 79）。

重心前移，右脚踏实，右腿屈弓，左腿自然蹬直

图 4 –2 –78

图 4 –2 –79

成右弓步；两手沿弧推按至体前，两腕与肩同高、同宽，两掌心向前，指尖向上；眼看前方（图 4 –2 –80）。

图 4 –2 –80

图 4 –2 –81

9. 单鞭

重心左移，上体左转，右脚尖内扣；两臂交叉运转，左手经头前身左画弧至身体左侧，掌心向头部；右手经腹部向左画弧至肋前，掌心转向腹部；视线随左手运转（图4－2－81、图4－2－82）。

图4－2－82

图4－2－83

上体右移，重心右移，右腿屈膝，左脚收至右脚内侧，脚尖点地；右手向上向右画弧，掌心向内，经头前至身体右前方变成勾手，钩尖向下，腕高与肩平；左手向下、向右画弧，经腹前至右肩前，掌心转向内；视线随右手移转，最后看左手（图4－2－83、图4－2－84）。

上体稍左转；左脚向左前方迈出一步，脚跟落

图4－2－84

图4－2－85

地；左手经面前向左画弧，掌心向内；眼看左手（图4－2－85）。

上体继续左转，重心前移，左脚踏实，左腿屈弓，右腿自然蹬直，脚跟外展，成斜向左前方的弓步；左手经面前翻转向前推出，腕与肩同高，左肘与左膝上下相对；眼看左手（图4－2－86）。

图4－2－86

图4－2－87

要点：弓步推掌时，左掌先向外翻，再向前推，并与转体、弓左腿的动作协调一致；完成动作定势时，要两肩下沉，右肘部稍下垂，钩尖向下；左肘尖与左膝上下相对。

10. 云手

重心后移，上体右转，左手随上体右转经胸前画弧，手心向内，眼看左手（图4－2－87）。

重心继续后移，上体继续右转，左脚尖内扣，收至右脚内侧，右腿弯曲，左手向右画弧，经腹前至右肩前，掌心向内；眼看左手（图4－2－88）。

图4－2－88

图4－2－89

上体左转，重心左移；左脚向左横迈一步，脚前掌先着地，随之全脚踏实，右脚向左脚并拢，两脚屈膝半蹲，两脚平行，脚尖向前，两脚相距 10 厘米；左手经头前向左画弧，掌心渐渐翻转向外（图 4 - 2 - 89）。

右手向下经腹前同时向左画弧云转，掌心渐渐翻转向内；左掌停于身体左侧，高与肩平，右手停于左肩前；视线随左手转移（图 4 - 2 - 90）。

图 4 - 2 - 90

图 4 - 2 - 91

上体右转，重心右转；左脚向左横开一步，脚前掌先着地，随之全部踏实，脚尖向前；右手经头前向右画弧云转，掌心逐渐翻转向外，左手向下经腹前同时向右画弧云转，掌心逐渐翻转向内。右掌停于身体右侧，高与肩平，左侧停于右肩前；视线随右手转移（图 4 - 2 - 91、图 4 - 2 - 92、图 4 - 2 - 93）。

图 4－2－92

图 4－2－93

上体左转，重心左移；右脚向左脚并拢，脚前掌先着地，随之全脚踏实，两腿屈膝半蹲，两脚平行，脚尖向前，两脚相距约 10 厘米；左手经头前向左画弧云转，掌心渐渐翻转向外；右手向下经腹前同时向左画弧云转，掌心渐渐翻转向内。左掌停于身体左侧，高与肩平，右掌停于左肩前；视线随左手转移（图 4－2－94、图 4－2－95、图 4－2－96）。

上体右转，重心右转；左脚向左横开一步，脚前掌先着地，随之全脚踏实，脚尖向前；右手经头前向右画弧云转，掌心渐渐翻转向外；左手向下经腹前同时向右画弧云转，掌心渐渐翻转向内，右掌停于身体右侧，高与肩平，左掌停于右肩前；视线随右手转移（图 4－2－97、4－2－98、图 4－2－99）。

图 4-2-94

图 4-2-95

图 4-2-96

图 4-2-97

上体左转，重心左转；右脚向左脚并拢，脚前掌先着地，随之全脚踏实，两腿屈膝半蹲，两脚平行，脚尖向前，两脚相距约 10 厘米；左手经头前向左画弧云转，掌心渐渐翻转向外；右手向下经腹前同时向左画弧云转，掌心渐渐翻转向内。内掌停于身体左

图 4 -2 -98

图 4 -2 -99

侧，高与肩平，右掌停于左肩前；视线随左手转移（图 4 -2 -100、图 4 -2 -101、图 4 -2 -102、图 4 -2 -103）。

图 4 -2 -100

图 4 -2 -101

要点：左右云手时，腰胯放松，上体转动要以腰脊为轴带动肩、胸和两膀、两臂运动，重心不可忽高

图 4－2－102

图 4－2－103

忽低或左右摇摆；两手云转过程要自然圆活，速度要均匀，眼的视线要随左右手而移动；下肢移动时，重心要稳定，两脚掌依次着地再踏实，脚尖均向前，并步时两脚尖横向距离保持在 10 厘米～20 厘米之间。

11. 单鞭

上体右转，重心移向右腿，左脚跟提起；右手经头前向右画弧，至右前方掌心翻转变勾手；左手向下以腹前向右画弧云转至右肩前，掌心转向内；眼看勾手（图 4－2－104）。

上体稍左转；左脚向左前方上步，脚跟落地；左手经面前向左画弧，掌心向内；眼看左手（图 4－2－105）。

上体继续左转；重心前移，左脚踏实，左腿屈

图4－2－104

图4－2－105

弓，右腿自然蹬直，脚跟外展，成斜向左前方的弓步；右手经面前翻转向前推出，腕与肩平，左肘与左膝上下相对；眼看左手（图4－2－106）。

图4－2－106

图4－2－107

12. 高探马

上体稍右转；重心后移，右脚踏实，右脚屈坐，左脚跟提起。右勾手松开、两手翻转向上，两臂前后平举，肘关节微屈；眼看左手（图 4－2－107）。

上体左转，右肩前送；右手屈收，经头侧再向前推出，腕与肩同高，手心向前；左臂屈收，左手收至腹前，掌心向上；眼看右手（图 4－2－108）。

图 4 2－108

图 4－2－109

要点：跟步托掌中前后移换重心时，要轻灵沉稳，身体不可上下起伏；成虚步时，屈髋敛臀，上体正直，两肩下沉，右肘微下坠。

13. *右蹬脚*

重心后移，左手上提，右手回收，在提前交叉，左手在内侧，手掌向内，眼睛看着左手（图 4－2－109）。

左脚提收至右踝内侧；右手稍向后收，左手经右手背向右前方穿出，两手交叉，腕关节相交，左掌心斜向上，右掌心斜向下；眼看左手（图4-2-110）。

图4-2-110

图4-2-111

上体左转；左脚向左前方迈出，脚跟着地；左手内旋，两手合举于头前，手心皆向外；眼看左手。

重心前转，左脚踏实，左腿屈弓，右腿自然蹬直；两手合举于头前，手心向前，虎口相对，两臂外撑；眼看右手（图4-2-111）。

右脚收至左脚内侧，脚尖点地；两手向腹前画弧相交合抱，举至胸前，右手在外，两掌心皆在内；眼看右前方（图4-2-112）。

左腿支撑，右腿屈膝上提，右脚脚尖上勾，脚跟用力慢慢向右前方蹬出。左腿微屈，右腿伸直；两手手心向外撑开，两臂展于身体两侧，肘关节微屈，两腕与肩平，右腿与右臂上下相对，方向为右前方约 30 度；眼看右手（图 4 －2 －113、图 4 －2 －114）。

图 4 －2 －112

14. 双峰贯耳

右腿屈膝回收，脚尖自然下垂；左手经头侧向体前画弧，与右手并行落于右膝上方，掌心皆向面部，指尖

图 4 －2 －113

图 4 －2 －114

向前；眼看前方（图 4-2-115、图 4-2-116）。

图 4-2-115

图 4-2-116

右腿向右前方上步，脚跟落地，脚尖斜向右前方约 30 度；两手握拳从两侧向上、向前画弧摆到头前。两臂半屈成弧，两拳相对成钳形，相距同头宽，前臂内旋，拳眼斜向下；眼看前方（图 4-2-117、图 4-2-118）。

要点：收脚前举中右腿屈膝回收时，胸腹放松，上体正直，身体重心不可偏离左腿；上步落手，右脚上步时，要松腰、屈髋、敛臀，左腿屈膝外撑，膝与脚尖对正；完成弓步时，头颈正直，腰胯放松，沉肩垂肘，两拳松握，弓腿和身体方向与右蹬脚的方向相同，两脚横向距离 10 厘米～15 厘米。

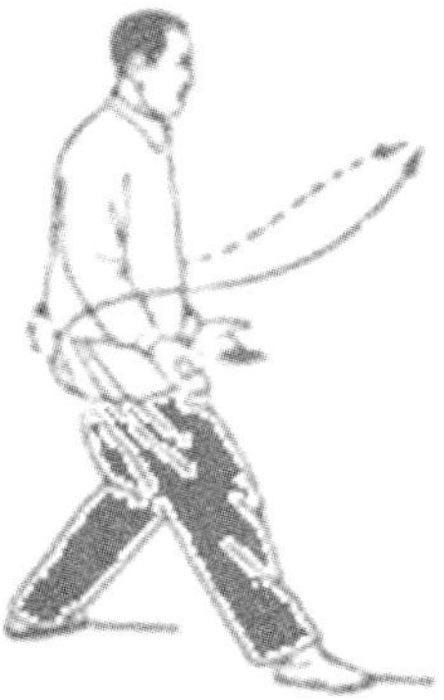

图 4－2－117

图 4－2－118

15. 转身左蹬脚

重心后移，左腿屈膝，左脚踏实，右腿伸直，右脚尖抬起，双臂向两侧画弧，眼看前方（图 4－2－119）。

图 4－2－119

图 4－2－120

重心后移，上体左转，左腿屈坐，右脚尖内扣；

两拳松开，左手经头前向左画弧，两臂微屈于身体两侧，掌心身外；眼看左手（图4－2－120）。

重心右移，右腿屈膝后坐，左脚收到右脚内侧，脚尖点地；两手向下画弧，于腹前交叉合抱，举至胸前，左手在外，两手心皆向内；眼看前方(图4－2－121、图4－2－122)。

图4－2－121

图4－2－122

右腿支撑，左腿屈膝高提，左脚脚尖上勾，脚跟用力向左前上方慢慢蹬出；两臂内旋，两掌心转向外，左前右后画弧分开，两臂微屈举于身体两侧；左腿蹬直，与左臂上下相对；眼看左手（图4－2－123、图4－2－124）。

要点：转身分手中重心后移时，屈髋敛臀，左腿屈膝外撑，膝与脚尖对正；蹬腿分掌时，左脚尖回

图 4－2－123

图 4－2－124

钩，力达足跟，分手和蹬脚须协调一致，上体保持正直；脚蹬出后，身体要稳定，两臂手腕高与肩平，左臂和左腿上下相对；如面向南起势，左腿蹬出方向应为正北偏西 30 度。

16. 左下势独立

左腿屈收，左脚下垂收于右小腿内侧；上体右转；右臂稍内合，右手变勾手。左手经头前画弧摆至右肩前，掌心向右，指尖向上；眼看右勾手（图 4－2－125、图 4－2－126）。

右腿屈膝半蹲，左脚前掌落地，沿地面向左侧伸出，随即全脚踏实，左腿伸直；左手落于右肋侧，眼看勾手（图 4－2－127）。

右腿屈膝全蹲，上体左转成左仆步；左手经腹前

图4－2－125

图4－2－126

图4－2－127

图4－2－128

沿左腿内侧向左穿出，掌心向外，指尖向左；眼看左手（图4－2－128）。

要点：仆步穿掌中右腿全蹲时，上体要保持正直，左腿伸直，左脚尖里扣，两脚全脚掌着地，左脚尖与右脚跟应在一条直线上。

重心移向左腿；左脚尖外撇，左腿屈膝前弓；右脚尖内扣，右腿自然蹬伸。重心恢复至弓步高度；左手继续前穿并向上挑起；右勾手内旋，背于身后，勾尖朝上；眼看左手（图4－2－129）。

图4－2－129

图4－2－130

上体左转，重心前移；右腿屈膝前提，脚尖自然下垂，左腿微屈独立支撑，成左独立步（图4－2－130）。

左手下落按于肘旁；右勾手变掌，经体侧向前挑起，掌心向左，指尖向上，高与眼平；右臂半屈成弧，肘关节与右膝上下相对；眼看右手（图4－2－131）。

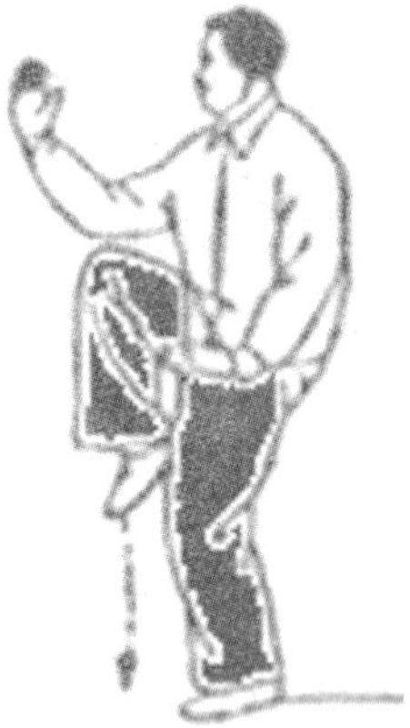

图4－2－131

图4－2－132

要点提示：左独立势中由仆步转换成左弓步时，要屈髋松胯，裆部须走下弧线；左腿屈膝脚外摆和右脚内扣转髋，要与重心前移配合协调一致；左独立势中右腿屈膝上提时，重心要全部移到左腿，左腿要待右脚离地提起时，再蹬伸直立成左独立势；如果面向南起势，左独立势的定势方向朝正西。

17. 右下势独立

右脚落于左脚右前方，脚前掌着地；上体左转，左脚以脚掌为轴随之扭转；左手变勾手提举于身体左侧，高与肩平；右手经头画弧摆至左肩前，掌心向左；眼看左手（图4－2－132、图4－2－133）。

右脚提收至左小腿内侧，然后以脚前掌落地，沿

图 4－2－133

图 4－2－134

地面向右伸出，随即右腿伸直，右脚全脚踏实；右手落至左肋侧；眼看勾手（图 4－2－134）。

左腿屈膝全蹲，上体右转成右仆步；右步经腹前沿右腿内侧向右穿出，掌心向外，指尖向右；眼看右手（图 4－2－135）。

图 4－2－135

图 4－2－136

重心移向右腿；右脚尖外撇，右脚屈膝前弓。左脚尖内扣，左脚自然蹬直，重心恢复至弓步高度；右手继续前穿并向上挑起；左勾手内旋，背于身后，勾尖向上；眼看右手（图4－2－136）。

上体右转，重心前移，左腿屈膝前提，脚尖向下，右腿微屈独立支撑，成右独立步；右手下落按于右胯旁，左勾手变掌，经体侧向体前挑起，掌心向右，指尖向上，高与眼平；左臂半屈成弧，肘关节与左膝相对；眼看左手（图4－2－137、图4－2－138）。

图4－2－137

图4－2－138

要点：如果面向南起势，右独立势的定势方向朝正西。

18. *左右穿梭*

左脚向左前方落步，脚跟着地，脚尖外撇，上体左转；左手内旋，手心翻转向下；眼看左手（图4－

2－139、图4－2－140）。

图4－2－139

图4－2－140

上体左转；右脚收于左踝内侧；两手在左肋前上下相抱，左手心向下，右手翻转向上；眼看左手（图4－2－141）。

图4－2－141

图4－2－142

上体右转；右脚向左前方上步，脚跟着地；右手由下向前上方画弧；左手由上向后下方画弧，两手交错；眼看右手（图4－2－142）。

上体继续右转；重心前移右脚踏实，右腿屈膝前弓，成右弓步；右手翻转上举，架于右额角前上方，掌心斜向上。左手推至体前，高与鼻平；眼看左手（图4－2－143、图4－2－144）。

图4－2－143

图4－2－144

重心稍后移，右脚尖稍外撇，上体右转；右手下落于头前，右手稍向左画弧，落至腹前，准备“抱球”；眼看右手（图4－2－145）。

两手在右肋前上下相抱；左脚收至右脚内侧；眼看右手（图4－2－146）。

上体左转；左脚向左前方上步，脚跟着地；左手由下向前上方画弧，右手由上向后下方画弧，两手交错；眼看左手（图4－2－147）。

图4－2－145

图4－2－146

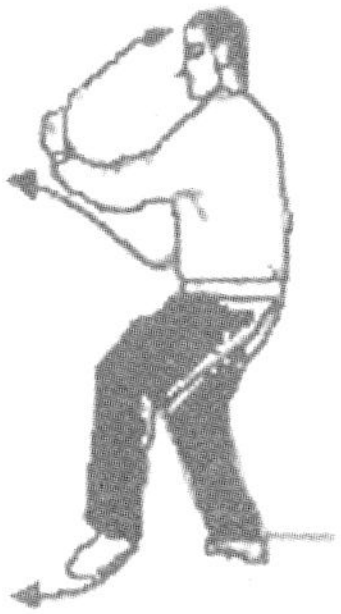

图4－2－147

上体继续左转；重心前移，左脚踏实，左脚屈膝前弓，成左弓步；左手翻转上举，架于右额角前上方；右手推至体前，高与鼻平；眼看右手（图4－2－148、图4－2－149）。

要点：弓步架推时，上体不可前俯或左右倾斜，手臂向上架举时要防止引肩上耸，一手上举一手前推，要与弓腿松腰上下配合协调一致；完成动作定势时，应面向斜前方30度角（如面向南起势，左右穿梭方向分别为正西偏北和正西偏南）；成弓步时，两脚跟横向距离保持在30厘米左右。

19. 海底针

上体稍右转；右脚向前收拢半步，脚前掌落地，

图 4－2－148

图 4－2－149

距前脚约一脚长；上体右转；重心后移，右腿屈坐，左脚跟提起；右手下落经体侧屈臂抽提至耳旁，掌心向左，指尖向前；左手向右画弧下落至腹前，掌心向下，指尖斜向右；眼看前方（图 4－2－150）。

图 4－2－150

图 4－2－151

上体左转，向前俯身；右手从耳侧向前下方斜插，掌心向左，指尖斜向下；左手经左膝前画弧搂过，按至大腿外侧；左脚稍前移，脚前掌着地成左虚步；眼看右手（图4-2-151）。

要点：做海底针的跟步提抽接虚步下插动作时，身体要先向右转再向左转；成虚步下插姿势时，面向正西，上体不可太前倾，避免低头弓腰和臀部凸起，左腿屈膝脚尖点地，右腿屈膝外撑，膝与脚尖对正。

20. 闪通臂

上体恢复正直，右腿屈膝直撑，左脚回收，以脚尖落地至右胸内侧，右手上提至身前，指尖朝前，掌心向左；左手屈臂收举，指尖贴近右腕内侧；眼睛看着前方（图4-2-152）。

图4-2-152

图4-2-153

左脚向前上步，脚跟着地；两手内旋分开，手心皆向前；眼看前方（图 4－2－153）。

上体右转；重心前转成左弓步；左手推至体前，与鼻尖对齐；右手撑于头侧上方，掌心斜向上，两手前后分展；眼看左手（图 4－2－154）。

图 4－2－154

要点：做闪通臂的立身前挑时，要松腰、屈髋敛臀，上体直立；弓步架推时，左臂不要完全伸直，推掌、举臂和弓腿动作要协调一致；成弓步时，上体要自然正直，背部肌肉要伸展松落，腰胯松沉，两脚跟横向距离为 10～15 厘米。

21. 转身搬拦捶

重心后移，右腿屈坐，左脚尖内扣，身体右转；两手向右侧摆动，右手摆至身体右侧，左手摆至头侧，两掌心均向外；眼看右手（图 4－2－155）。

重心左移，左腿屈坐，右脚以脚掌为轴扭直；右手握拳向下、向左画弧收于左肋前，掌心向下；左手

图 4－2－155

图 4－2－156

掌举于左额前上方；眼向右平视（图 4－2－156）。

右脚提收至左脚踝关节内侧，再向前迈出，脚跟着地，脚尖外撇；右拳经胸前向前搬压，拳心向上，高与胸平，肘部微屈；左手经右前臂外侧下落，按于胯旁；眼看右拳（图 4－2－157）。

上体右转，重心前移，左脚收于右脚内侧；右臂内旋，右拳向左画弧到体侧，拳心向下，右臂半屈。左臂外旋，左手经左侧向体前画弧；眼平视右拳（图 4－2－158）。

左脚向前上步，脚跟着地；左掌拦至体前，高与肩平，掌心向右，指尖斜向上；右拳翻转收至腰间，拳心向上；眼看左掌（图 4－2－159、图 4－2－160）。

图 4－2－157

图 4－2－158

图 4－2－159

图 4－2－160

上体左转；重心前移，左腿屈弓，左脚踏实，右腿自然蹬直，成左弓步；右拳自胸前打出，肘微屈，拳心转向左，拳眼向上；左手微收，掌指附于右前臂内侧，掌心向右；眼看右拳（图 4－2－161）。

要点：做 转身掩手的身体右转时，重心要及时移向左腿，左腿屈膝外撑，膝与脚尖对正；做上步拦

图 4 - 2 - 161

图 4 - 2 - 162

手的右拳回收时，前臂要先慢慢内旋画弧，然后在外旋过程中收于右腰旁；做弓步打捶时，右臂随拳略向前伸，沉肩垂肘。成弓步时，两脚横向距离为 10 厘米 ~ 15 厘米。

22. 如封似闭

左手翻转向上，从右前臂下向前穿出；同时右拳变掌，也翻转向上，两手交叉伸举于体前；眼看前方（图 4 - 2 - 162）。

重心后移，右腿屈坐，左脚尖跷起；两臂屈收，两手边分边内旋后引，分至与肩同宽，收至胸前，掌心斜向下；眼看前方（图 4 - 2 - 163）。

重心前移，右腿屈弓，左脚踏实，右腿自然蹬直成左弓步；两手翻转，经腹前向上、向前推出，与肩同宽，腕高与肩平，掌心向前，五指向上；眼看前方

图 4－2－163

图 4－2－164

（图 4－2－164）。

要点：做如封似闭的坐腿回按，身体重心后移时，要屈髋敛臀，右腿屈膝外撑，膝与脚尖对正；两臂随身体回收时，要沉肩、垂肘并微向外松展；弓步前按时，要屈髋敛臀，裆部走下弧线，两手须沿立圆运行，两掌推出时，力贯掌根外侧，两手间距不可超过肩宽。

23. 十字手

上体右转，重心右移，右脚屈坐，左脚尖内扣；右手向右分摆到头前；眼看右手（图 4－2－165）。

上体继续右转，右脚尖外撇，右腿屈弓，左腿自然伸直，成左横裆步（侧弓步）；右手继续向右画弧，摆至身体右侧，两臂平举于身体两侧，掌心皆向

图 4－2－165

图 4－2－166

外，指尖斜向上；眼看右手（图 4－2－166）。

上体左转，重心左移，左腿屈弓，右腿自然伸直，脚尖内扣；两手下落画弧，在腹前交叉，抱于胸前，右手在外，掌心向内；眼平视前方（图 4－2－167）。

图 4－2－167

上体转正；右脚轻轻向左收回半步，随之全脚踏实，两腿慢慢直立，体重平均放于两腿，两脚平行向前，与肩同宽，成开立步；两手交叉合抱于体前，两臂撑圆，两腕交搭呈斜十字形，高与肩平；眼平视前方（图 4－2－168）。

图 4－2－168

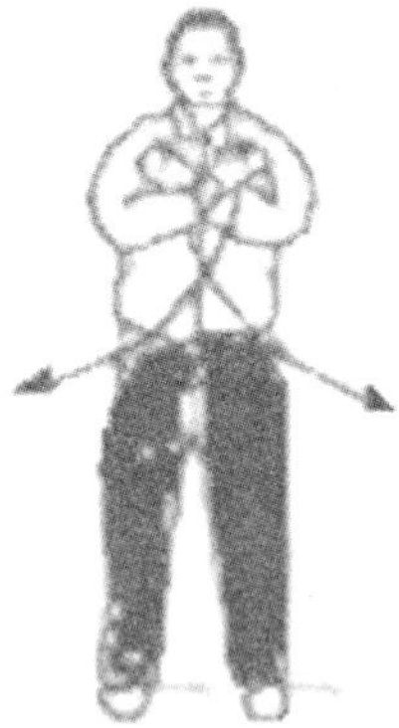

图 4－2－169

要点：做十字抱掌的两手合抱时，上体不可前俯；站起后，身体保持中正，头要微向上顶，下颌稍向里收；两臂环抱时须圆满舒适，沉肩垂肘；两臂分开下落时，要注意周身放松，气沉丹田。

24. 收势

两臂内旋，两手翻转左右分开，与肩同宽；眼平视前方（图 4－2－169、图 4－2－170）。

两臂徐徐下垂，两手落于大腿外侧，与肩同宽；眼平视前方。

左脚轻轻提起与右脚并拢，脚前掌先着地，随之全脚踏实，恢复成预备姿势；眼看前方（图 4－2－171）。

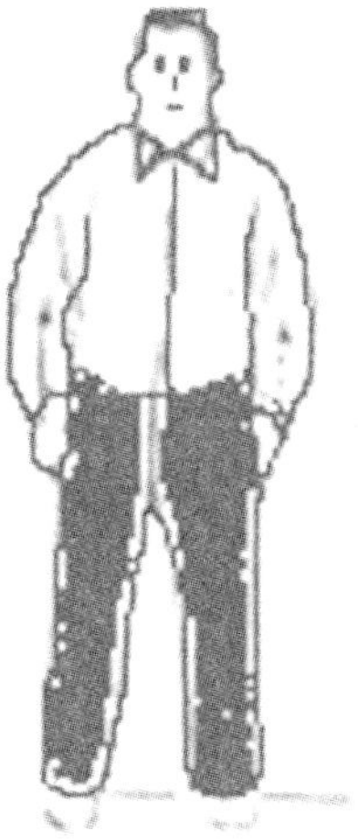

图 4－2－170

图 4－2－171

要点：并步还原时，身体要保持中正，不要左右歪斜，稍停顿后再走动。

第五章　三十二式太极剑

我们常在公园里看到挥舞太极剑的晨练者。太极剑兼具太极拳与剑道的两种风格，时而像太极拳轻灵柔和、绵绵不断，时而凸显出剑道的潇洒敏捷，可谓形神兼具。

一、太极剑简介

（一）太极剑的产生

太极剑是太极拳器械之一，兼有太极拳和剑术二者的风格特点，是太极拳系的重要组成部分。太极剑是在古代剑术的基础上，分别吸收了其他拳派的剑术内容，改造发展而成的。目前各式太极剑分别由宣化剑、三才剑、乾坤剑演化而来。太极剑的形式大体可分为单练、对练和集体演练三种，其中以个人单练为基础。按剑穗区分，还有长穗剑和短穗剑之别。从剑术风格上说，太极剑属于意剑，也称绵剑。练起来要突山一个“意”字，在剑法运用中，突出心意的表现。要求象形取意，意领身随，快慢相兼，绵绵不断，凝神敛气，柔中寓刚，动静相间，形神兼备，剑与神合，身与剑合。太极剑的身法、步法、功法与太极拳相同。剑法以抽、带、提、格、击、刺、点、崩、绞、压、劈、截、洗为主。目前流行的各式太极剑，内容各异，取材不一，但是皆具有神舒体静、内外相合、轻必沉稳、刚柔相济、连贯圆活、绵绵不断、身剑协调的运动特点。

（二）太极剑流派

由于太极剑是由太极拳结合剑术逐渐演变而来，因此历史上的太极拳流派也都有自己的太极剑套路。目前，在社会上流传的主要有下述太极剑流派。

1. 陈式太极剑

在陈式太极拳基础上发展形成的剑术套路。具有以身运剑、缠绕回旋、发劲如狮、浑厚圆转、连绵不断、蓄发相变、快慢相间、轻灵沉稳的特点。练起来矫若游龙、稳如山岳、动静相间、刚柔相济、气势连贯、错落有序，深受广大太极拳、剑爱好者的喜爱。

2. 杨式太极剑

在杨式太极拳基础上发展形成的剑术套路。具有姿势舒展大方、动作轻松柔和、圆活连贯、劲力内含、没有明显发力等特点，练习原则与太极拳相同。其剑姿优美，用法奥妙，但易学难精。与杨式太极拳一样成为广大群众所喜爱的武术运动形式。

3. 吴式太极剑

在吴式太极拳的基础上发展形成的剑术套路，其特点表现为剑法细腻、剑势连绵。在持剑方法上突出表现为双手合握，并有左右手换把的动作。“剑有文剑、武剑之分，文剑有袍（穗），袍与剑身同长；武剑无袍（穗）”。吴式太极剑套路丰富，目前常见的套路有：第一路乾坤剑，第二路七星剑，第三路连环剑，第四路对剑，第五路烈剑，传统吴式64式太极剑、36式吴式简化太极剑等。

4. 孙式太极剑

在孙式太极拳的基础上创编而成。孙式太极拳宗师孙禄堂纳形意剑、八卦剑、太极剑三派剑法之所长创编了孙式太极剑。其特点是食指、中指并拢伸直，无名指与小指屈回，拇指伸直，是开指诀，但拇指亦伸出，而且因剑势的变化，剑指也随之变化，并非固定不变。该剑糅合了八卦、形意、太极的身法、剑法，而又非三派的杂合，是三派精髓有机地融合，自成一体，风格突出。孙式太极剑分为上下两路，既可以单练，又可以对练，攻防合理，剑法全面。

5. 武式太极剑

在传统武式太极拳的基础上创编而成的剑术。长期以来，由于武式太极拳创始人武禹襄不以传拳为业，因而其拳械流传面不广。武式太极剑遵循拳理，讲求劲力，具有极强的实战性，势断劲不断，劲断意可连。在技击上要求“切记三法混一，攻守肘腕是要诀”。在演练上，气势腾挪，闪战灵活，势势相连，内劲贯剑。常常剑诀不离持剑手，以求助力。武式太极剑包含武式十三剑、武式二十五剑、武式三十六剑，其中又包括大架、中架等不同架式的套路，剑理精妙，剑法独特。

6. 武当太极剑

著名武术家李天骥先生在传统太极剑和武当剑的基础上，融合改编成了武当太极剑。它既有太极剑的轻松柔和、绵绵不断、意领身随的特点，又有武当剑优美潇洒、剑法灵活多变、身剑合一的特色。久练此剑，有行如游龙、稳如泰山、动静相间、刚柔相济、气势连贯、错落有序、潇洒飘逸的韵致。武当太极剑共有 49 式，内容丰富，技巧性、艺术性都很高，需要一定的武术和太极拳基础才能协调自如地掌握。习练此剑，将会帮助人们加深对剑术的理解和修养。

二、太极剑基本知识

与太极拳相比，太极剑的动作相对复杂，术语也更多一些。在习练太极剑之前，先掌握一些太极剑的基本知识，有利于我们更快地掌握太极剑的运动套路。

（一）剑器

剑大致分为剑身和剑把两段。剑把指由护手至剑前的一段，包括剑穗、剑眼、剑首、剑柄、剑格五部分，剑身指由护手至剑尖的一段，包括剑脊、剑锷、剑刃、剑尖四部分，如下图所示（图5－2－1）。

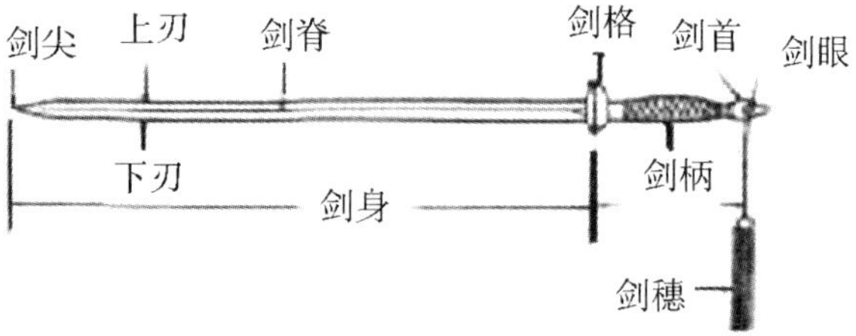

图5－2－1

（二）握剑法

1. 持剑

持剑也称握剑、把剑。正确的持剑是准确表现剑法的先决条件，握法灵活也是技术娴熟的重要标志。初学者持剑，往往生硬紧张，剑在手中不能灵活运用，致使剑法表现不清，力点不准，刚柔失度。持剑手腕要松，手指要活，手心要空。随着剑法的变化，腕、指、关节灵活多变，掌心松宽，掌缘、掌根、虎口各部位着力轻重也各不相同，此称为活把握剑，故剑谱歌诀有“手心空，使剑灵；足心空，捷步行”的说法。太极剑的持剑方法按持剑手不同可分为左手持剑和右手持剑两种；按照握剑手形的变化可分为满把持剑法、螺把持剑法、钳把持剑法等。

太极剑开始之前，一般都是左手持剑。持剑时，左手臂内旋，手心朝后握住剑柄，掌心贴左剑格上，拇指扣住内侧剑格，中指、无名指和小指扣住外侧剑格，食指伸直贴于剑柄上，使剑身平面贴靠小臂垂立于左臂后。左手持剑法还有一些小变化，比如食指与中指并拢伸直贴于剑柄上，或拇指越过剑格（护手）盘扣于剑格上侧等，不一而足（图 5－2－2）。

图5－2－2

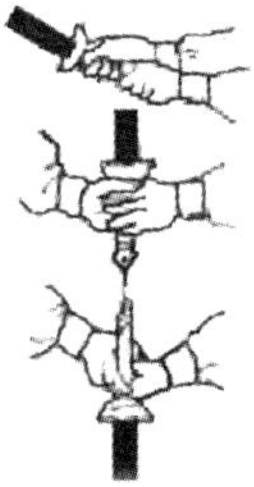

图5－2－3

2. 双手持剑法

又称为合把剑，在太极剑运动中并不多见。持剑时，右手握住剑柄前端，左手握在剑柄后部，或者左手手心贴在右手手背上（图5－2－3）。

3. 直握

手握剑柄，虎口对剑上刃，食指、中指、无名指和小指第一指节紧扣剑柄，依次排列成“螺旋”形，拇指紧扣于食指的第十指节上，以食指第二指节靠近剑格，腕关节微屈。这种持剑方法又称为顺手剑、直握剑，一般适用于刺剑、点剑等（图5－2－4）。

4. 半握（满把）

虎口正对剑格，五指如同平握拳环握剑柄，拇指屈压在食指的第2指节上，腕部挺直。这种持剑法，一般适用于外托、下按、砍、架等。

直握

图 5－2－4

平握

图 5－2－5

如果手心对着自己胸部，叫里手剑；如果手背对着自己胸部，手心向外，则是外手剑（图 5－2－5）。

5. 钳握（钳把）

虎口靠近剑格，以食指、拇指和虎口的夹持之劲将剑柄钳住，其余 3 指自然附于剑柄，这种持剑法比较灵活，适用于反刺、上云、穿、挂等（图 5－2－6）。

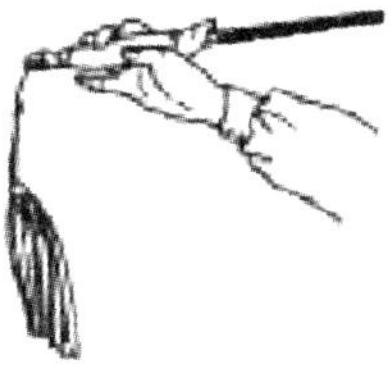

钳握

图 5－2－6

垫握

图 5－2－7

6. 垫握（垫把）

食指伸直，垫在护手下面助力或控制方向，拇指也伸直，其余三指屈握。多用于绞剑、削剑、击剑等（图5－2－7）。

（三）剑指

在剑术练习中，不持剑的手要捏成“剑指”，古称“剑诀”、“戟指”。剑指主要有“开指式”、“合指式”两种形式（图5－2－8）。

开指式　　合指式

图5－2－8

开指式：又称开剑诀。拇指屈扣于食指外侧，食指与中指伸直并拢，其余两指第二指节内扣，形如戟状。

合指式：又称戟指、压剑诀。拇指压在无名指第十指节上，食指与中指伸直并拢，其余两指扣于掌心。

剑指的作用主要有：

1. 剑指与握剑手的配合，可以增大持剑的腕力。如弓步挂劈时，抡剑向右下方劈，左剑指应向左向上方摆，以加大劈力；

2. 引导剑路，增强剑势，借势助力，平衡优美，增强剑术的表现技巧和神采；

3. 剑指前领，声东击西，可以迷惑对方视线，乘机点击对方的穴道，或抢夺对方的器械。

（四）太极剑的基本剑法

太极剑在长期发展过程中，逐渐演变出一些基本的剑法，主要有下述几种。

1. 刺剑

立剑或平剑，剑尖在前，剑身与臂成一直线刺出，力达剑尖。刺剑分为立刺与平刺。握剑虎口向上，剑刃朝向上下为立刺剑；握剑手心向上，剑刃朝向左右为平刺剑。刺剑必须臂由屈而伸，力达剑尖。根据刺剑的方向和握法不同，又可分为前刺剑、后刺剑、上刺剑、下刺剑、反刺剑、探身刺剑等（图5－2－9）。

2. 抽剑

立剑，由前向后上方或后下方抽回，力点沿剑刃

刺剑

图 5 –2 –9

滑动也称之为抽带。抽剑多用满把，其滑动路线呈上弧线为上抽剑，滑动路线呈下弧线为下抽剑，直线后抽为平抽剑（图 5 –2 –10）。

抽剑

图 5 –2 –10

3. 带剑

平剑，由前向侧后方抽回为带。力点在剑刃滑动，带剑多用螺把。带剑时屈臂回抽要明显，注意沉肩、坠肘、沉腕（图5－2－11）。

带剑

图5－2－11

4. 击剑

剑尖向前，或左或右横出，力达剑尖或剑刃前端为击。击剑又称平崩剑。击剑须抖腕发力，手心向上，剑尖快速向右或向左甩摆，力达剑端。击剑分为正击、反击。向左平崩为正击；向右平崩为反击。击剑多用满把和螺把（图5－2－12）。

5. 点剑

持剑手提腕，立剑，用剑尖向下啄出为点。点剑前要充分利用反向力，体现出欲上先下、欲下先上的

击剑

图 5－2－12

思想。点剑须伸臂提腕，腕关节向下屈压，以剑下刃前端向下点啄，力达剑端，动作迅猛。点剑多用螺把（图 5－2－13）。

6. 崩剑

崩剑须沉腕发力，虎口向上，剑尖快速向上勾挑。持剑手屈腕上翘，立剑，剑尖由下而上，力达剑上刃前端。传统剑术中称垂锋下击为点，挑锋上击为崩。崩剑与点剑正好运动方向相反。崩剑多用满把（图 5－2－14）。

图5－2－13

图5－2－14

7. 劈剑

持剑手挥劈，立剑由上而下，力达剑下刃，臂与剑成一直线砍下为劈。劈剑须立剑自上而下，力达剑下刃（握剑时，拇指一侧的剑刃为上刃，四指一侧的剑刃为下刃）。根据劈剑的方向和方式，可分为前劈、后劈、下劈、侧劈、抡劈等。劈剑多用平把转螺把（图5－2－15）。

劈剑

图5－2－15

8. 截剑

持剑手以立剑或斜立剑，使剑刃斜向上或斜向下，由左向右或由右向左着力，力达剑身前部为截。截剑须挥剑横断，阻截破坏对方进攻，力点在剑刃前部。根据截剑方向，可分为上截、下截、左截、右截、后截等。截剑多用满把与螺把（图5－2－16）。

9. 撩剑

立剑由后向前上方撩出，力达剑刃前部。撩剑须

截剑

图 5－2－16

反手持剑，由下向上撩出，力达剑下刃前部。大多情况下，撩剑时右手持剑先在体侧绕转一周，然后顺势撩出。经身体左侧绕转撩出为左撩剑，经右侧绕转为右撩剑。无论左撩剑还是右撩剑，剑都要走立圆（图 5－2－17）。

10. 扫剑

平剑向左（右）挥摆，力达剑刃。扫剑时剑身要与地面平行，路线走圆弧。旋转扫剑要求旋转一周或一周以上（图 5－2－18）。

撩剑

图 5－2－17

扫剑

图 5－2－18

11. 抹剑

平剑，由前向左（右）弧形抽回为抹，高度在胸腹之间，力达剑身。抹剑时剑身要与地面平行，圆弧平抹。旋转抹剑要求旋转一周或一周以上（图5－2－19）。

12. 拦剑

立剑斜向前方托架，力点在剑刃中、后部。拦剑

抹剑

图 5－2－19

图 5－2－20

属防守性方法，手臂的内、外旋要与剑配合协调（图 5－2－20）。

三、三十二式太极剑动作名称

起势

（1）左脚开步

（2）两臂前举

（3）转体摆臂

（4）弓步前指

（5）坐盘展臂

（6）弓步接剑

第一组

1. 并步点剑

2. 独立反刺

（1）撤步崩剑（2）丁步挑剑（3）提膝反刺

3. 仆步横扫

（1）撤步劈剑（2）仆步扫剑

4. 向右平带

（1）收脚收剑（2）上步送剑（3）弓步右带

5. 向左平带

（1）收脚收剑（2）上步送剑（3）弓步左带

6. 独立抡劈

（1）转体抡剑（2）上步举剑（3）独立劈剑

7. 退步回抽

（1）退步提剑（2）虚步抽剑

8. 独立上刺

（1）转体上步（2）提膝上刺

第二组

9. 虚步下截

（1）转体摆剑（2）虚步下截

10. 左弓步刺

（1）退步提剑（2）转体撤剑（3）收脚收剑（4）弓步平刺

11. 转身斜带

（1）扣脚收剑（2）提脚转体（3）弓步右带

12. 缩身斜带

（1）收脚收剑（2）撤步送剑（3）丁步左带

13. 提膝捧剑

（1）虚步分剑（2）提膝捧剑

14. 跳步平刺

（1）落脚收剑（2）蹬腿前刺（3）跳步压剑（4）弓步平刺

15. 左虚步撩

（1）收脚绕剑（2）垫步绕剑（3）虚步左撩

16. 右弓步撩

（1）转体绕剑（2）垫步绕剑（3）弓步右撩

第三组

17. 转身回抽

（1）转体收剑（2）弓步劈剑（3）后坐抽剑（4）虚步前指

18. 并步平刺

（1）转体移步（2）并步平刺

19. 左弓步拦

（1）转体绕剑（2）上步绕剑（3）弓步拦剑

20. 右弓步拦

（1）撇脚绕剑（2）收脚绕剑（3）弓步拦剑

21. 左弓步拦

（1）撇脚绕剑（2）收脚绕剑（3）弓步拦剑

22. 进步反刺

（1）上步收剑（2）转体后刺（3）弓步反刺

23. 反身回劈

（1）转体收剑（2）提脚举剑（3）弓步劈剑

24. 虚步点剑

（1）落手收脚（2）转体举剑（3）虚步点剑

第四组

25. 独立平托

（1）插步绞剑（2）提膝托剑

26. 弓步挂劈

（1）转体挂剑（2）弓步劈剑

27. 虚步抡劈

（1）转体抡剑（2）上步举剑（3）虚步劈剑

28. 撤步反击

（1）提脚合剑（2）撤步击剑

29. 进步平刺

（1）提脚横剑（2）垫步收剑（3）弓步平刺

30. 丁步回抽

31. 旋转平抹

（1）摆步横剑（2）扣步抹剑（3）虚步分剑

32. 弓步直刺

收势

（1）后坐接剑（2）跟步收势

四、三十二式太极剑配图解说

准备动作

1. 预备式

身体正直，两脚开立，与肩同宽，脚尖向前；两臂自然垂于身体两侧，左手持剑，剑尖向上，剑身竖直；眼平视前方（图5－4－1）。

图5－4－1

图5－4－2

要点：上体要自然，不要故意挺胸、收腹。剑身在左臂后不要触及身体，两肩自然松沉。

2. 起势

（1）右手握成剑指，两臂慢慢向前平举，高与肩平，手心向下；平视前方（图5－4－2）。

要点：两臂上起时，不要用力，两手宽度不超过两肩。剑身在左臂下要平，剑尖不可下垂。

（2）上体略向右转，身体重心移于右腿，屈膝下蹲，然后再向左转体，左腿提起向左侧前方迈出，成左弓步；左手持剑随即经体前向左下方搂出，停于左胯旁，剑立于左臂后，剑尖向上；同时右手剑指下落转成手掌心向上，由右后方屈肘上举经耳旁随转动方向向前指出，高与目平；目先向右看，然后向前看右剑指（图5－4－3、图5－4－4）。

图5－4－3

图5－4－4

要点：左臂向体前画弧时，身体要先微向右转，身体重心在右腿放稳后再提左腿。转体、迈步和两臂动作要协调柔和。

（3）左臂屈肘上提，左手持剑（手心向下）经胸前从右手上穿出，右剑指翻转（手心向上），并慢慢下落撤至右后方（手心仍向上），两臂向外展平，身体右转；右腿提起向前横落，脚尖外撇，两腿交叉，膝部弯曲，左脚跟离地，身体稍向下坐，成半坐盘势；目向后视右手（图5－4－5）。

图5－4－5

图5－4－6

要点：左臂向体前画弧时，身体要先微向右转，身体重心在右腿放稳之后再提左腿。转体、迈步和两臂动作要协调柔和。

要点：左右手必须在体前交错分开，右手后撤与身体右转动作要协调。

（4）右脚和左手持剑的位置不动，左脚前进一步，成左弓步；同时身体向左扭转，右手剑指随之经头部右上方向前落于剑把之上，准备接剑；目平视前方（图5－4－6）。

要点：动作时应先提腿和向左转头，然后再举右臂向前下落。两臂不要硬直，两肩要松，上体保持自然。

第一组

1. 并步点剑

左手食指向中指一侧靠拢，右手松开剑指，虎口对着护手，将剑接过，并使剑在身体左侧画一立圆，然后剑尖向前下点，剑尖略向下垂，右臂要平直；左手变成剑指，附于右手腕部；右脚前进向左脚靠拢并齐，脚尖向前，身体略向下蹲；目注剑尖（图5－4－7）。

图5－4－7

要点：剑身向前绕环时，两臂不可高举。右手握剑画圆只用手腕绕环。点剑时，力注剑尖，肩要下沉，上体正直。

2. 独立反刺

（1）右脚向右后方撤一步，随即身体右后转，然后左脚收至右脚内侧，脚尖点地，同时右手持剑经体前下方撤至右后方，右腕翻转，剑尖上挑；左手剑指随剑回撤，停于右肩旁；目视剑尖（图 5 –4 –8、图 5 –4 –9）。

图 5 –4 –8

图 5 –4 –9

（2）上体左转，左膝提起，成独立式，脚尖下垂；同时右手渐渐上举，使剑经头部前上方向前刺出（拇指向下，作反手立剑），剑尖略低，力注剑尖；左手剑指则经下颏处随转体向前指出，高与眼平；目注剑指（图 5 –4 –10）。

要点：分解动作中间不要间断。独立姿势要稳定，身体不可前俯后仰。

3. 仆步横扫

（1）上体右后转，剑随转体向右后方劈下，右臂与剑平直，左剑指落于右手腕部；转体的同时，右膝前弓，左腿向左横落撤步，膝部伸直；目视剑尖（图5－4－11）。

图5－4－10

图5－4－11

（2）身体向左转，左手剑指经体前顺左肋反插，向后、向左上方画弧举起至左额前上方，手心斜向上；右手持剑翻掌，手心向上，使剑由下向左上方平扫，力在剑刃中部，剑高与胸平；在转体的同时，右膝弯曲成半仆步，此式不停，接着身体重心逐渐前移，左脚尖外撇，左腿屈膝，右脚尖里扣，右腿自然伸直，变成左弓步；目视剑尖（图5－4－12）。

要点：以上两个分解动作，要连贯进行。弓步时，身体保持正直。

4. 向右平带

右腿提起经左腿内侧向右前方跨出一步，成右弓步；右手剑向前引伸，然后翻转手心向下，将剑向右斜方慢慢回带，屈肘，右手带至右肋前方，力在右剑刃，剑尖略高于手；左手剑指下落附于右手腕部；目视剑尖（图 5－4－13）。

图 5－4－12

图 5－4－13

要点：剑的回带和弓步屈膝动作要一致。

5. 向左平带

右手剑向前引伸，并慢慢翻掌将剑向左斜方回带，屈肘握剑手带至左肋前方肋向左上方画弧举，力在左剑刃，左手剑指经体前左起至左额上方，手心斜向上；同时，左脚经

图 5－4－14

右腿内侧向左前方迈出一步，成左弓步；目视剑尖（图 5－4－14）。

要点：与“向右平带”动作要点相同。

6. 独立抡劈

右脚前进到左脚内侧，脚尖着地；左手从头部左上方落至右腕部，然后身体左转，右手抽剑由前向下、向后画弧，经身体左下方旋臂翻腕上举，向前下方正手立剑劈下，力在剑下刃；左手剑指则由身体左侧向下、向后转至左额上方，掌心斜向上；在抡劈剑的同时，右脚前进一步，左腿屈膝提起，成独立步；目视剑尖（图 5－4－15、图 5－4－16、图 5－4－17）。

图 5－4－15

图 5－4－16

图 5－4－17

要点：劈剑时，身体和头部先向左转，然后随剑的抡劈方向再转向前方。提膝和劈剑要协调一致，整个动作过程要连贯不停。

7. 退步回抽

左脚向后落下，屈膝，右脚随之撤半步，脚尖点地，成右虚步；右手剑抽回，剑把靠近左肋旁边，手心向内，剑面与身体平行，剑尖斜向上，左手剑指下落附于剑把上；目视剑尖（图5-4-18）。

要点：右脚回撤与剑的回抽动作要一致，上体要正直。

8. 独立上刺

身体微向右转，面向前方，右脚向前一步，左腿屈膝提起，成独立步；同时，右手剑向前上方刺出（手心向上），力注剑尖，剑尖高与眼平；左手仍附在右手腕部；目视剑尖（图5-4-19）。

图5-4-18

图5-4-19

要点：身体微向前倾，但不要故意挺胸。独立式要平衡稳定。

第二组

9. 虚步下截

图 5－4－20

左脚向左后方落步，右脚随即微向后撤，脚尖点地，成右虚步；同时，右手剑先随身体左转再随身体右转经体前向右、向下按（截），力注剑刃，剑尖略下垂，高与膝平；左剑指由左后方绕行至左额上方（掌心斜向上）；目平视右前方（图 5－4－20）。

要点：右脚变虚步与剑向下截要协调一致，如面向南起势，此势虚步方向正东偏北（约 30 度）。上体右转，面向东南。

10. 左弓步刺

右脚向右后方回撤一步，左脚收至右脚内侧后再向左前方迈出，成左弓步，面向左前方。同时，右手剑随身体转动经面前向后、向下抽卷，再向左前方刺出，手心向上，力注剑尖；左手剑指向右、向下落，经体前再向左、向上绕行至左额上方，手心斜向上，臂要撑圆；目视剑尖（图 5－4－21、图 5－4－22）。

图 5－4－21　　图 5－4－22

要点：右手回撤时，前臂先外旋再内旋（手心先转向外，再向下，再转向上）从右腰部将剑刺出。左剑指绕行时要先落在右手腕部再分开转向头上方，弓步方向为东偏北（约 30 度）。

11. 转身斜带

（1）身体重心后移，左脚尖翟扣，上体右转，随后身体重心又移至左脚上，右腿提起，贴在左腿内侧；同时，右手剑收回横置胸前，掌心仍向上；左剑指在右手腕部；目视左方（图 5－4－23）。

（2）上式不停，向右后方转体，右脚向右侧方

图 5－4－23

图 5－4－24

迈出，成右弓步；同时右手剑随转体翻腕，掌心向下并向身体右侧外带（剑尖略高），力在剑刃外侧；左剑指仍附于右手腕部；目视剑尖（图 5－4－24）。

要点：身体重心移动，向右侧方迈出成右弓步，须与向右后转的动作一致，力求平稳、协调。转身斜带弓步方向应转为正西偏北（约 30 度）。

12. 缩身斜带

左腿提起后再向原位置落下，重心移于左腿，右脚撤到左脚内侧，脚尖点地，同时，右手翻掌手心向上，并使剑向左侧回带（剑尖略高），力在剑刃外侧；左手剑指随即由体前向下反插，再向后、向上绕行画弧重落于右手腕部；目视剑尖（图 5－4－25）。

要点：剑回带时，身体也随着向左扭转。身体后坐时，臀部不要凸出。

13. 提膝捧剑

（1）右脚后退一步，左脚也微向后撤，脚尖着地；同时两手平行分开，手心都向下，剑身斜置于身体右侧，剑尖位于体前，左剑指置于身体左侧（图5－4－26）。

图5－4－25

图5－4－26

（2）左脚略向前进，右膝向前提起成独立式；同时右手剑把与左手（剑指变掌）在胸前相合，左手捧托在右手背下，两臂微屈，剑在胸前，剑身直刺前方，剑尖略高；目视前方（图5－4－27）。

要点：以上两个分解动作要连贯不停。独立步左腿自然蹬直，右腿提膝，脚尖下垂，上体保持自然。

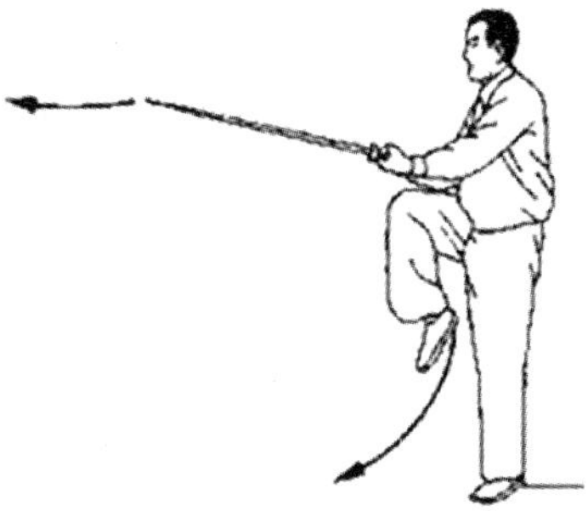
图 5 -4 -27

图 5 -4 -28

14. 跳步平刺

（1）右脚向前落下，重心前移，然后右脚尖用力蹬地，左脚随即前进一步踏实，右脚在左脚将要落地时，迅速向左腿内侧收拢（脚不落地）；同时，两手捧剑先微向回收，紧接着随右脚落地，再直向前伸刺，然后，随左脚落地两手分开撤回身体两侧，两手手心都向下，左手再变剑指；目视前方（图 5 -4 -28、图 5 -4 -29）。

（2）右脚再向前上一步，成右弓步；同时，右手剑向前平刺（手心向上），力注剑尖；左手剑指由左后方上举，绕至左额上方，手心斜向上；目视剑尖（图 5 -4 -30）。

要点：两手先略向回收，再与右脚落地同时向前伸。左脚落地要与两手回撤动作一致。刺出后，剑要

图 5 –4 –29

图 5 –4 –30

平稳。

15. 左虚步撩

重心后移至左腿上，上体左转，右脚回收再向前垫步，脚尖外撇，再向右转体，重心前移至右腿，左脚随即前进一步，脚尖着地，成左虚步；同时，右手剑随身体转动经左上方向后、向下，立剑向前撩出，前臂内旋，手心向外，力在剑刃前部，剑把停于头前，剑尖略低；左手剑指在上体左转时即下落附于右腕部，随右手绕转；目视前方（图 5 –4 –31、图 5 –4 –32）。

要点：撩剑的路线必须画一个整圆。左手剑指须下落到左肋侧再与右手相合。

16. 右弓步撩

身体先向右转，右手剑由上向后绕环，掌心向

图 5 – 4 – 31

图 5 – 4 – 32

外，左剑指随剑绕行附于右臂内侧；随之左脚向前垫步，右脚继而前进一步，成右弓步；右手剑随着上右步由下向前立剑撩出（前臂外旋，手心向外），剑与肩平，剑尖略低，力在剑刃前部；左剑指则由下向上绕行至左额上方，手心斜向上；目视前方（图 5 – 4 – 33、图 5 – 4 – 34）。

图 5 – 4 – 33

图 5 – 4 – 34

要点：剑向后绕环时，身体和眼神随着向后转，整个动作要连贯。

第三组

17. 转身回抽

（1）身体左转，重心后移，右脚尖罩扣，左脚尖稍外展，右腿蹬直，成侧弓步；同时，右手将剑柄收引到胸前，剑身平直，剑尖向右后，左手剑指仍附于右腕上；然后身体再向左转，随转体右手剑向左前方劈下，力在剑刃（剑身要平），左手剑指附于右腕部；目视剑尖（图5－4－35、图5－4－36）。

图5－4－35

图5－4－36

（2）重心后移至右腿，右膝稍屈，左脚叫撤，脚尖点地，成左虚步；同时，右手剑抽叫至身体右侧（剑尖略低）；左剑指收叫再经胸前、下颏处向前指出，高与眼齐；目视剑指（图5－4－37）。

要点：第一动，向左转体时，要先扣右脚，再展左脚；右臂先屈叫胸前再向左劈。第二动，左手剑指必须随右手收到腹前，再向上、向前指出。全部动作要协调。如果面向南起势，此式方向则为东偏南(约30度)。

18. 并步平刺

左脚略向左移，右脚靠拢左脚成并步，面向前方，身体直立；同时左剑指向左转并向右下方画弧，反转变掌捧托在右手下，然后双手捧剑向前平刺，手心向上，力注剑尖，高与胸平；目视前方(图5－4－38)。

图5－4－37

图5－4－38

要点：剑刺出后两臂要微屈，并步和刺剑要一致。身体直立要自然，不要故意挺胸。如果面向南起势，刺剑的方向正东。

19. 左弓步拦

右手剑翻腕后抽，随身体右转，由前向右转动，再随身体左转，经右后方向下、向左前方托起拦出，力在剑刃，剑身与头平，前臂外旋，手心斜向上；左剑指则向右、向下、向上绕行，停于左额上方，手心斜向上；在身体左转时，左脚向左前方进一步，左腿屈膝，成左弓步；目光随剑视右后方，最后平视前方（图5－4－39、图5－4－40）。

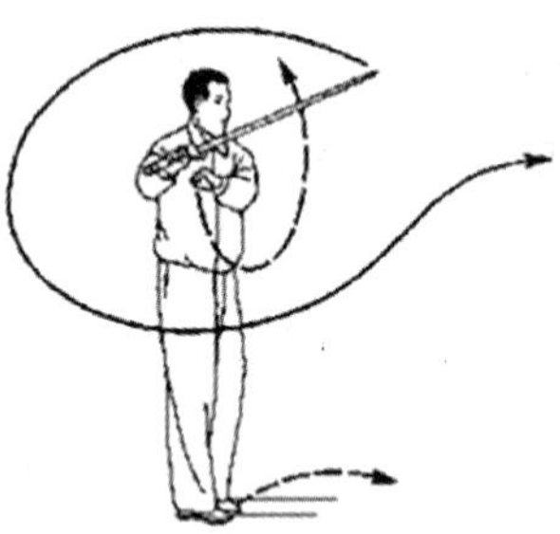

图5－4－39

图5－4－40

要点：身体应随剑先向右转，再向左转。右腿先微屈，然后迈左脚。左手剑指随右手绕行，到右上方之后再分开。

20. 右弓步拦

身体重心微向后移，左脚尖外撇，身体先向左转再向右转；在转体的同时，右脚经左侧向右前方进一步，成右弓步；右手剑由左后方画一整圆向右前托起拦出（前臂内旋，手心向外），力在剑刃，剑身与头平；左剑指附于右手腕部；目视前方（图5－4－41）。

图 5 –4 –41

图 5 –4 –42

要点：以上两动要连贯，剑须走一大圈，视线随剑移动。

21. 左弓步拦

身体重心微向后移，右脚尖外撇，其余动作及要点与前“右弓步拦”相同，只是方向左右相反。右手剑拦出时，右臂外旋，手心斜向内（图 5 – 4 – 42）。

22. 进步反刺

（1）身体向右转，右脚向前横落盖步，脚尖外撇，左脚跟离地成半坐盘势；同时，右手剑剑尖下落，左剑指下落到右腕部，然后剑向后方立剑刺出，左剑指向前方指出，手心向下，两臂伸平，右手手心向体前；目视剑尖（图 5 –4 –43）。

（2）身体左转，左脚前进一步，成左弓步；同时，右前臂向上弯曲，剑尖向上挑挂，继而向前刺出（前臂内旋，手心向外，成反立剑），力注剑尖，剑尖略低；左手剑指附于右腕部；目视剑尖(图5－4－44)。

图5－4－43

图5－4－44

要点：以上两动要连贯，弓步刺剑时身体不可太前俯。

23. 反身回劈

身体重心先移至右腿，左脚尖里扣，然后再移到左腿上；右腿提起收回（不停），身体右后转，右脚随即向前迈出成右弓步，面向中线右前方；同时，右手剑随转体由上向右后方劈下，力在剑刃；左手剑指由体前经左下方转在左额上方，手心斜向上；目视剑尖（图5－4－45）。

要点：劈剑、转体与迈右脚成弓步要协调一致。

弓步和劈剑方向为正西偏北（约30度）。

24. 虚步点剑

左脚提起，上体左转，左脚向起势方向垫步，脚尖外撇，随即右脚提起落在左脚前，脚尖点地，成右虚步；同时，右手剑随转体画弧上举向前下方点出，右臂平直。剑尖下垂，力注剑尖；左剑指下落经身体左侧向上画弧，在体前与右手相合，附于右腕部；目视剑尖（图5－4－46）。

图5－4－45

图5－4－46

要点：点剑时，腕部用力，使力量达于剑尖。点剑与右脚落地要协调一致。身体保持正直，虚步和点剑方向与起势方向相同。

第四组

25. 独立平托

右脚向左腿的左后方倒插步。两脚以脚掌为轴向右转体（仍成面向前方），随即左膝提起成右独立步；在转体的同时，剑出体前先向左、向下绕环，然后随向右转体动作向右上方托起，剑身略平，稍高于头，力在剑刃上侧；左剑指仍附于右腕部；目视前方（图5－5－47）。

图5－4－47

图5－4－48

要点：撤右腿时，右脚掌先落地，然后再以脚掌为轴向右转体。身体不要前俯后仰。提膝和向上托剑动作要一致，右腿自然伸直。

26. 弓步挂劈

（1）左脚向前横落，身体左转，两腿交叉成半坐衙式，右脚跟离地，同时，右手剑向身体左后方穿挂，剑尖向后；左剑指仍附右腕上；目向后看剑尖（图5－4－48）。

（2）右手剑由左侧翻腕向上再向前劈下，剑身要平，力在剑刃；左剑指则经左后方上绕至左额上方，手心斜向上；同时，右脚向前进一步，成右弓步；目向前看剑尖（图5－4－49）。

要点：身体要先向左转再向右转，视线随剑移动。

27. 虚步抡劈

（1）重心略后移，身体右转，右脚尖外撇，左脚跟离地成交叉步；同时，右手剑由右侧下方向后方反手撩平，左剑指落于右肩前；目向后看剑尖（图5－4－50）。

图5－4－49

图5－4－50

（2）左脚向前垫一步，脚尖外撇，身体左转，随即右脚前进一步，脚尖着地，成右虚步；同时，右手剑由右后翻臂上举再向前劈下，剑尖与膝同高，力在剑刃；左剑指自右肩前下落经体前向左上画圆再落于右前臂内侧；目视前下方（图5－4－51）。

要点：以上两个分解动作要连贯，中间不要停顿。

28. 撤步反击

上体右转，右脚提起向右后方撤一大步，左脚跟外转，左腿蹬直，成右侧弓步；同时，右手剑向后上方斜削击出，力在剑刃前端，手心斜向上，剑尖斜向上，高与头平；左剑指向左下方分开平展，剑指略低于肩，手心向下；目视剑尖（图5－4－52）。

图5－4－51

图5－4－52

要点：右脚先向后撤，再蹬左脚。两手分开要与弓腿、转体动作一致。撤步和击剑方向为东北。

29. 进步平刺

（1）身体微向右后转，左脚提起贴靠右腿内侧；同时右手翻掌向下，剑身收回于右肩前，剑尖斜向左前；左剑指向上画弧落在右肩前；目视前方（图5-4-53）。

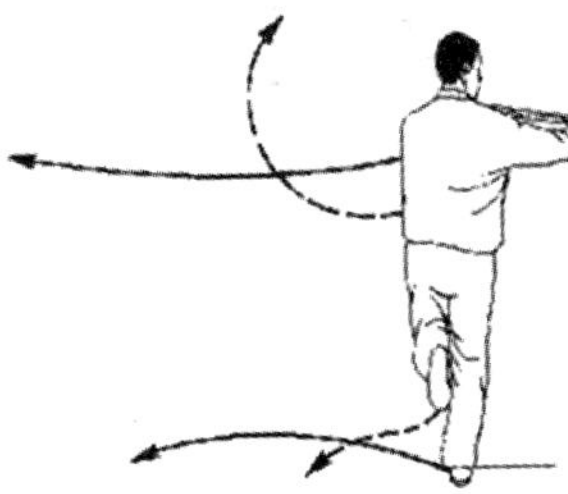

图5-4-53

图5-4-54

（2）身体向左转，左脚垫步，脚尖外撇，继而右脚前进一步，成右弓步；同时，右手剑随转体动作向前方刺出，力贯剑尖，手心向上；左剑指经体前顺左肋反插，向后再向左、向上、画弧至左额上方，手心斜向上；目视剑尖（图5-4-54）。

要点：左腿提起时，要靠近右腿后再转身落步，待左腿稳定后再进右步，上下须协调一致。

30. 丁步回抽

重心后移，右脚撤至左脚内侧，脚尖点地，成右丁步；同时，右手剑屈肘回抽（手心向里），剑把置于左肋部，剑身斜立，剑尖斜向上，剑面与身体平行；左剑指落于剑把之上；目视剑尖（图5－4－55）。

图5－4－55

图5－4－56

要点：右脚叫收和剑叫收要一致，上体须正直。

31．旋转平抹

（1）右脚提起向前落步外摆（两脚呈“八”字形）；同时上体稍右转，右手翻掌向下，剑身横置胸前（图5－4－56）。

（2）重心移于右腿，上体继续右转，左脚随即向右脚前扣步，两脚尖斜相对（呈内“八”字形），然后以左脚掌为轴向右后转身，右脚随转体向中线侧方后撤一步，左脚随之稍后收，脚尖点地，成左虚步；同时，右手剑随转体由左向右平抹，力在剑刃外侧，然后在变左虚步的同时，两手向左右分开，置于两胯旁，手心都向下，剑身斜置身体右侧，剑尖位于体前；身体恢复起势方向，目平视前方（图5－4－57、5－4－58）。

图5－4－57

图5－4　58

要点：移步转身要平稳，不要低头弯腰，速度要均匀。出“丁步回抽”到“旋转平抹”完成，转体约360度，身体方向归成起势方向。

32. 弓步直刺

左脚向前进半步，成左弓步；同时，右手剑立剑平直向前刺出，高与胸平，力注剑尖；左剑指附在右手腕部；目视前方（图5-4-59）。

图5-4-59

图5-4-60

要点：弓步、刺剑要动作一致。

收势

（1）身体重心后移，随即身体向右转；同时，右手剑向右后方回抽，手心仍向内；左手也随即屈肘回收（两手心内外相对），接握剑的护手；目视剑身（图5-4-60）。

图5-4-61

（2）身体左转，身体重心再移至左腿，右脚向前跟进半步，与左脚成开立步（与肩同宽，脚尖向前）；同时，左手接剑（反握），经体前下落垂于身体左侧；右手变成剑指向下、向右后方画弧上举，再向前、向下落于身体右侧；全身放松，目平视前方（图5－4－61）。

中老年人健身情况调查表

1. 您的性别:

□ 男 □ 女

2. 您的年龄:

□ 50 岁以下 □ 51 - 60 岁 □ 61 - 70 岁 □ 71 岁以上

3. 您的职业:

□ 文化教育 □ 医疗卫生 □ 金融保险 □ 科学研究 □ 军人

□ 建筑/房地产 □ 退休在家 □ 其他

4. 您的学历:

□ 小学 □ 中学 □ 大学及以上 □ 其他——

5. 您是否有运动健身的习惯?

□ 是 □ 否

6. 您的健身时间为:

□ 30 分钟以内 □ 30 分钟 - 1 小时 □ 1 小时以上

□ 其他

7. 在本套丛书中,您最喜欢哪一种运动方式?

□ 太极拳、木兰拳 □ 秧歌 □ 健身操、交谊舞

□ 健步走 □ 其他

8. 您最注重健身时的哪些环节?

□ 场地舒适度 □ 声音是否嘈杂 □ 器械可锻炼程度

9. 您在健身时愿意和别人一起吗？

□ 愿意 □ 不愿意

10. 您是否长期坚持健身？（三个月以上）

□ 是 □ 否

11. 无法坚持长期健身的原因是？

□ 作息时间不正常 □ 疾病的困扰 □ 其他——

12. 您是否曾在健身中失去知觉或头晕？

□ 经常 □ 偶尔 □ 没有

13. 您是否有任何肌肉、骨骼、关节的问题？

□ 有 □ 没有

14. 天冷时，您是否仍坚持户外健身？

□ 是 □ 否

15. 您在健身时只做一种运动还是做多种运动？

□ 一种 □ 多种

16. 您在健身中最喜欢的运动形式是：________________

上面这个简单的调查是针对健身中的中老年人进行的，如果您愿意的话，请将填好的调查表寄回我们的编辑部，地址：**北京市西城区二龙路甲33号新龙大厦418室孙研收**。我们将把统计结果反馈给国家体育总局有关部门和中国老年人体育协会，以便我们更好的对我国老年人健身情况加以统计，谢谢您的合作！

图书在版编目（CIP）数据
太极拳与太极剑/赵雷编著. —北京：中国社会出版社，2007.10
（中老年健身丛书/胡建国　朱琼主编）
ISBN 978-7-5087-1906-1

Ⅰ.太…　Ⅱ.赵…　Ⅲ.①太极拳—基本知识②剑术（武术）—基本知识—中国　Ⅳ.G852.11　G852.24

中国版本图书馆CIP数据核字（2007）第157130号

丛 书 名： 中老年健身丛书
主　　编： 胡建国　朱　琼
书　　名： 太极拳与太极剑
编　　著： 赵　雷
责任编辑： 孙　研

出版发行： 中国社会出版社　邮政编码：100032
通联方法： 北京市西城区二龙路甲33号新龙大厦
电　话：（010）66080300　（010）66083600
（010）66085300　（010）66063678
邮购部：（010）66060275　电传：（010）66051713
网　　址： www.shcbs.com.cn
经　　销： 各地新华书店

印刷装订： 北京京海印刷厂
开　　本： 145mm×210mm　1/32
印　　张： 5.75
字　　数： 90千字
版　　次： 2008年1月第1版
印　　次： 2014年7月第6次印刷

定　　价： 10.00元